閱讀術

1日15分鐘，開始你的知識儲蓄規劃！

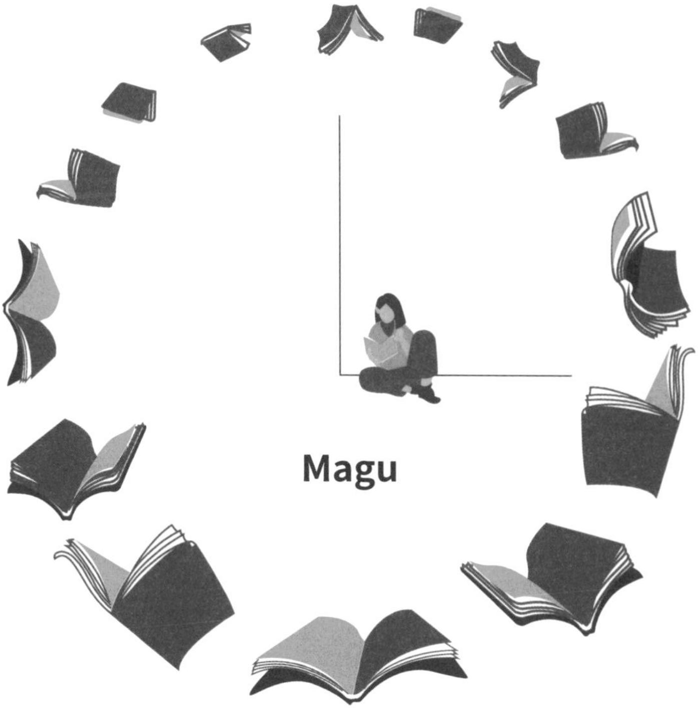

Magu

前言

24小時等於1440分鐘，1440分鐘的1%約是15分鐘。

本書介紹「如何利用每天1%的時間（15分鐘），讓人生朝向好的方向翻轉的閱讀法」。

閱讀了4000本以上的書籍所領悟到的「閱讀好處」，以及從超過100本的閱讀法相關書籍中彙整而出的「使閱讀效率提升到最高的方法」。而在我反覆嘗試、改善後得到的結果就是「1%閱讀術」。過去，我過著學歷只有國中畢業，月收僅14萬日圓的生活，藉由這個方法後，20幾歲便已成為公司的老闆。

15分鐘是魔法的單位。每天累積1%的知識儲蓄，10年後將取得壓倒性、無與倫比的成果。首先要做的是，讓你明天的人生更輕鬆。

我的人生由書本創造

「我不要讀高中了。」
16歲時，向擔任我半年班導師遞交了退學申請書。
我討厭唸書、和朋友處得不好，也不想退回獎學金。

「我的決定非常明智。」
我至今還記得，當時自己一臉滿足離開學校時的樣子。
然而，16歲步入社會時，等待我的卻是名為學歷和笨蛋的高牆。
我既不認真，也沒有知識、教養、常識，最嚴重的是，還極度怕麻煩。
不僅一無所有，還有一把只會傷害自己，名為「國中畢業」的武器。
不知道有多少人對我說過「所以你才會只有國中畢業……」。

轉捩點出現在17歲。

我不服輸地開始閱讀商業書籍。

令人訝異的是，我開始逐漸沉浸於書中的世界，同時不斷地追求1％的成長。

從那之後過了12年。

曾經非常怕麻煩的我，開始思考要如何輕鬆地獲取知識，並養成每天第一件事就是學習的習慣。

10年來我讀過超過4000本書，從中得知，閱讀可以讓人獲得莫大的好處。

我博覽群書，閱讀了100多本與閱讀法相關的書籍，並多次嘗試、選擇、取捨看到的內容，最終建立一套絕對有效的「書籍閱讀法」。

接著，我出版了各位手上這本書。

我學歷只有國中畢業，曾經做什麼事都笨手笨腳，卻藉由《1％閱讀術》，扭轉了人生。

正因為是現在的我，才有資格說這句話：

「在學校被迫學習16年，與主動從書本中汲取知識的10年，有著完全不同的分量。書本具有改變一個人的力量。」

想告訴各位的話

之前已經提過，本書收錄了，我閱讀4000本以上的書籍所領悟到的「閱讀的好處」，以及從超過100本的閱讀法相關書籍中，彙整而出的「使閱讀效率提升到最高的方法」。

不僅如此，我還在本書寫下曾經的挫折、作為轉捩點的事件，以及個人的經驗談。

即便是不善於閱讀的人，也能夠輕鬆地看完這本書。而且，了解他人的挫折和轉機，也可以對各位的生活產生直接性的影響。

本書由4個章節組成。

第1章介紹僅僅透過閱讀，就能感受到的「6個閱讀的好處」。

內容闡述閱讀不需要鑽牛角尖，單純當作一項消遣來享受，便能從中獲得意義。

第2章要介紹的是，我閱讀了100本以上閱讀法相關書籍，並實際嘗試書中的方法後，精心挑選出的「使閱讀效率提升到最高的7個閱讀法」。只要一個一個跟著做，就能夠提高閱讀的效率。

第3章介紹的是，我這10年的閱讀生活中，最想推薦的「1％閱讀術」等，共3種對人生有幫助的閱讀法，可說就算是怕麻煩的人，也能夠堅持下去、快樂閱讀的對策。

第4章中，我將要告訴各位如何將輸出效率提升到最高，並以「1％閱讀術」養成每日習慣的訣竅。

改變人生的經歷始於知識。

請和我一起翻到下一頁吧！

本書的使用方法

本書不必從頭開始閱讀，在《1％閱讀術》介紹的方法中，首先要做的是，確定「看這本書」的目的，以及從目錄中找到「能夠解決自身目的的頁面」。

接著，只要翻到確定的章節頁面，就會自動產生「彩色浴效果（color bath）」（參照P160），並「找到自己現在所需的內容」。

找到想要看的內容後，先閱讀再進行回想。

當然，各位也可以自由、愉快、隨心所欲地從頭開始閱讀。不過，若是想要「將閱讀效率最大化」，請先立即體驗《1％閱讀術》的基礎方法。

《1%閱讀術》的基礎方法

❶ 確定目的

設定「為什麼要閱讀這本書」的目的，從重要的事情到日常瑣事都可以，例如「我需要一個可以在明天早會分享的話題」、「想要知道速讀的方法」等。

❷ 打開目錄預測

確定好目的後，從目錄找出可以解決目的的頁面。目錄是作者或編輯為了幫助讀者理解整本書的「地圖」，能夠讓人在最短時間內翻到所需的頁面。

❸ 略讀有興趣的章節

打開確定的頁面，快速瀏覽。因為已經在①確定目的，在閱覽的時候會產生「彩色浴效果」（參考P160）的作用，眼睛會敏銳地自動停留在所需的內容上。

❹ 閱讀所需的段落

細讀（逐字逐句地閱讀）眼睛停留的地方。詳細閱讀作者的論點、理由、具體事例，直到理解為止。

❺ 替換說法

閱讀後務必要替換成「自己的說法」，彙整成能夠用不看原文，順暢說出口的短文，例如「總之，就是〇〇」。如此一來，自己定義的詞彙就會形成一種掛鉤，牢牢地掛在記憶中。

❻ 回想並邊思考邊休息

最後，請閉上眼睛冥想（在腦袋中回憶）。這個步驟是要讓海馬迴知道這是重要的知識，將之歸類為長期記憶中。之後，邊思考「明天要如何活用這一知識」邊休息。

辛苦了！以上6個步驟，就是1%閱讀術的基礎流程。
請在1%的時間（15分鐘）內，完成這6個動作。

第1章 閱讀4000本以上的書籍所領悟的「閱讀好處」

第2章 閱讀超過100本的閱讀法所領悟出的「閱讀效率最大化的7個祕訣」

第3章 一年閱讀700本書×閱讀超過1100本閱讀法書籍所得到的結晶「1%閱讀術」

第4章 將學習效率提升到最高的Magu式輸出法

第 1 章

閱讀4000本以上的書籍所領悟的「閱讀好處」

光是閱讀
就能獲得極大的好處

700本，這是我1年的閱讀量。

養成閱讀的習慣後已經過了10年。如果沒有家庭旅遊等特別的活動，這3年來我每天都會閱讀2本書。

順帶一提，我閱讀的書籍種類相當廣泛，從商業書籍、小說、學術專書到哲學書，是「口味不挑」的多情分子。

為什麼要讀這麼多種書呢？

根據我的分析，是因為面臨了多到數不清的失敗，以及與許多勇於接受挑戰的人相遇所導致的結果。

由於我在10幾歲的時候，沒有像樣的學歷，也沒有夢想的過著日子，因此我曾經想了解那些白手起家的創業家的想法。

我曾天真地詢問他們：「要怎麼做才能像你們一樣？」而他們也都不約而同地建議我「多閱讀」。

當然，接下來我都會問：「那我要讀哪些書？」

「每天閱讀1本在書店吸引你的書。」

「只要讀完1本，就知道下1本要看什麼。」

「沒有書可以讀的時候，再去書店找有興趣的書來看。」

聽從創業家前輩給的建議，我這10年來不斷閱讀。

我無法確認這句「閱讀有興趣的書就好」是否為真心，但現在總覺得有點了解他們為什麼這麼說。因為光是閱讀，就能得到莫大的好處。

誤會閱讀會使視野變得狹隘

我在2年前開始使用社群媒體，目前會固定更新以下3個：

- 可以發布140字文章、評論互動的「Twitter（現為X）」。
- 審查通過率為1%的語音媒體「Voicy」。
- 主要用來發布圖片和短影片的「Instagram」。

我在這3個社群媒體，隨心所欲地分享閱讀能獲得的好處、從閱讀中獲得的知識以及閱讀的書籍。

目前總粉絲數量是8萬人，隨著看到貼文的人增加，我也逐漸開始收到一些可以視為是批評的意見。

「閱讀是一種手段，不是目的。」

「光是閱讀根本沒有意義。」

我認為這些批評相當武斷。

同時，我也因為有許多人提出這2個意見感到訝異。在我看來，這是在狹隘的框架中所進行的非理性意見。我的看法跟他們恰恰相反。

「閱讀是目的。」

「光是閱讀書本就有意義。」

把閱讀當作目標即可

我和朋友曾經針對「遊戲與閱讀」進行討論：朋友認為「玩遊戲的目的是享受，閱讀是學習的一種手段」，這個想法的本質與我在社群媒體上收到的意見相同。

以下就來談談何謂「手段」和「目的」。

- **手段是指，為了實現目的而採取的措施、方法。**
- **目的是指，最終想要達到的目標。**

從手段和目的（目標）的角度來思考，朋友說的話確實有其道理。

- 製作遊戲的目的就是為了娛樂，所以遊戲本身即是目標。
- 書本誕生的目的是為了學習，可以說閱讀本身是一種手段。

然而，某些人可能會做出以下的行為：

- 不覺得玩遊戲有趣，是為了與朋友有共同的話題而玩。
- 因為好奇小說後面的劇情，今天想要早點回家，在睡覺前趕快看後面會怎麼發展。

對這些人來說，遊戲是一種手段，為了創造出與朋友的共同話題，相反地，閱讀小說本身就是一種樂趣，也就是目的。

舉這樣的例子聽起來有點拐彎抹角，簡單來說，一件事要歸類為手段還是目的因人而異。

因此，我才會覺得「閱讀是一種手段，不是目的」這種武斷的想法相當不合理。

將閱讀當作娛樂以提升自己

再來我想要與各位討論何謂「意義」。我曾經思考過要如何在有意義跟沒有意義之間劃分出明確的界線。

這裡所說的意義是指「是否有價值」、「重要與否」。

- **有意義是指有價值，在人生中屬於重要的事物。**
- **沒有意義是指重要的程度低，對人生不會產生影響。**

回到剛剛說的，在社群媒體收到的另一個意見「光是閱讀根本沒有意義」。

與其反駁這個想法，不如來介紹我實際從閱讀中獲得的各種好處。將閱讀作為娛樂享受，會在不知不覺中提升自己。這就是我從「光是閱讀就有意義」中感受到的好處。

■閱讀的好處①
掌握知識降低挑戰的難度

說到閱讀的好處，一般最先想到都會是「獲得知識」。

書籍是有學問的人與成功人士的知識結晶，可以直接獲得作者長期累積下來的高純度知識。而且除了書籍外，我不知道還有哪有管道可以獲取以下4種知識。

①將一個領域的知識系統化。
②模擬體驗作者的經驗。
③跨越時代，學習一般常識。
④化無知為未知。

然而，許多人可能會問：「就算獲得了知識，事情也不會有多大的改變吧？」

因此，接下來要介紹我在日常生活中感受到的莫大好處。

恐懼與知識的關係

美國哲學家拉爾夫・沃爾多・愛默生（Ralph Waldo Emerson）表示「恐懼源於無知，知識是恐懼的解藥」。

「恐懼源於無知」是句衝擊性相當強烈的話，不過，我第一次在書中讀到時，第一個反應是歪頭疑惑「恐懼是無知？」。因為過於抽象，當初沒能理解。然而，當我仔細思考「恐懼的本質」時，卻對這句話難以忘懷。

各位是否曾經認真思考過「恐懼」這個詞彙呢？我第一次思考「恐懼」一詞，是在17歲的時候。

「恐懼」是指不安、害怕的樣子。是一種焦慮的狀態，因為看不清前方而停下腳步或是不知道該做什麼。

當時有4件事讓我感到相當「恐懼」。

・**第1是去「將棋俱樂部」**

那時候我沉迷於網路將棋，在具備一定的程度後，開始想要「與他人對弈」。於是，我查了查附近的將棋俱樂部地點。不過，我始終沒有實際前往將棋俱樂部，因為不知道該穿什麼衣服，也不曉得應該要遵守什麼樣的禮儀。

・**第2是工匠同事邀請我一起去找坐檯小姐**

因為不知道未成年能不能進去，而且也不知道要表現出什麼樣的言行舉止。

・**第3是去在雜誌上看到的東京美術館**

因為不知道要在哪裡買票，以及擔心一個10幾歲的孩子不能單獨進入。

我是一個抱持著完美主義、自尊心又高的人，無法忍受「不知道」帶來的不安。

順帶一提，我開始閱讀商業書，就是在我選擇「不做」這3件陌生的事情時。

・**第4是「創業邀請」。這是我人生的一個轉捩點**

我辭去從16歲就開始做的磁磚店工作後，從事貴金屬業的業務。不過，對於業務來說，最重要的是與他人對話，但我卻相當不擅長。每天都拚命地學習，閱讀工作上用得到書籍，例如溝通技巧、業務技巧、心理學等。

在那個時候，有一位相當關照我的前輩邀請我和他一起創業。事業內容與貴金屬相關，我作為業務參與其中。主要是去拍賣會或是店鋪購買貴金屬，將之熔化後再重新設計、銷售。沒想到會邀請我……心裡覺得很榮幸，但腦中浮現的，卻是許多「不知道」，以及伴隨而來的恐懼，因此相當猶豫。

是繼續走這條沒有焦慮和恐懼的安全道路？還是即使感到恐懼也要走向嶄新的道路？

在我猶豫不決時，前輩對我說：「不敢嘗試是因為恐懼，恐懼的來源是無知。所以可以先把不知道的事情寫在紙上。」

這是我至今仍銘記於心的教訓。我聽從前輩的話，一一寫下那些可以說是象徵恐懼的「不知道」。

經過這次，我發現一件事，**將恐懼一一寫下來，使其具象化，就能夠查詢並解決。原本不**

知道的事情，經過了解後，就不會那麼恐懼，心理也不會那麼排斥挑戰。

我至今還記得，當時只有17歲的我，用這個方法一一消除對創業的恐懼，最後順利降低並跨過心理障礙，毅然決定走向創業之路。之後，包含我和前輩在內共4個人一起成立了一家公司。

在這個瞬間我跨越了原本感到「恐懼」事情。

「知道」與「不知道」的差異

透過「恐懼」的體驗，我了解了一件事。

「知識」是克服恐懼的必要條件之一。

在嘗試新的事物時，身邊的人會鼓勵你「拿出勇氣」、「積極一點」、「邁出第一步」。

這樣固然會讓人喜悅，但應該還是會覺得沒有從根本上解決問題吧？

如果有人在背後推一把，使你往前一步，就不會感到那麼辛苦。

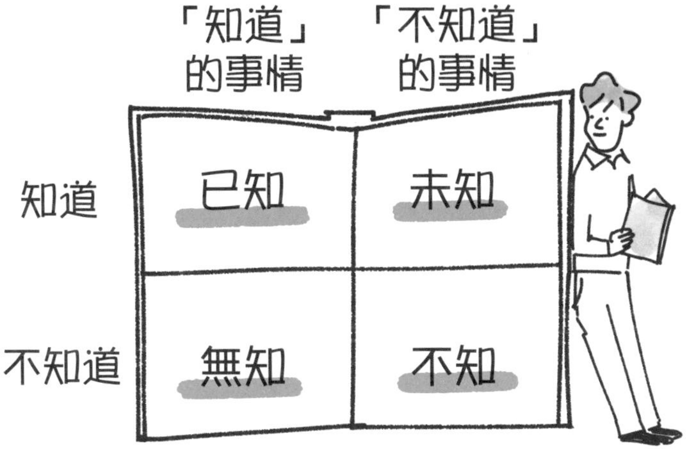

17歲的我，害怕去將棋俱樂部，但踏進便利商店時從未猶豫過；沒有勇氣去美術館，不過倒是可以去電影院。

兩者的共同點在於「知道」與「不知道」的差異。

「不知道的事情」讓人恐懼，「知道的事情」並不會使人害怕。

擁有知識，就不會害怕行動。

美國哲學家拉爾夫・沃爾多・愛默生曾表示「恐懼源於無知，知識是恐懼的解藥」，只要落實到日常生活後就能夠理解，這句話可以說是知識的好處之一。

閱讀的好處之一，「知識」正是戰勝恐懼的解藥。

「知」分為4種

為什麼必須從書本中學習戰勝恐懼的知識呢？這是因為知識的種類。「知」分為4種，分別是「已知」、「未知」、「無知」、「不知」。了解這4種知識，就能理解為什麼會有那麼多人在這個用網路就能輕鬆獲取資訊的時代，還推薦他人閱讀書籍。以下將逐一進行簡單的介紹。

・已知

已知是指「已經知道」的狀態。

大家都知道不吃飯會肚子餓，這就是已知。

・未知

未知是指了解到「自己不知道」的狀態。知道不吃飯肚子會餓是已知，但相信有不少人在決定為了減肥不吃飯時，即便知道肚子餓，卻不知道會遭受到什麼樣的痛苦，這就是「未知的世界」。人生中只要經歷1次1週斷食，就會從「未知」轉變為「已知」。

・無知

無知是指「缺乏」知識的狀態。

在認知科學家史蒂芬・斯洛曼（Steven・Sloman）與菲力浦・芬恩巴赫（Philip・Fernbach）的共同著作《知識的假象：為什麼我們從未獨立思考？》（先覺出版）中有個例子是，每個人都說「知道」拉鍊的構造，但當要求他們「說明」時，卻沒有人能夠回答。的確，說是知道，不過實際上只有少數人可以修好拉鍊。

這種「知道是知道，但無法解釋」的狀態就是無知。

也可以說是一種怠惰狀態，明明查一下就能知道的事情卻不去查。如果面對的是工作會發生什麼事情呢？如果一個人只知道「用A方法很可能會失敗」，但不知道為什麼會得出這樣的結論。那他即使之後採取B方法，也很有可能會失敗。

・不知

所謂的不知是指連自己「不知道」本身都「沒有自我認知」的狀態。

如果從職業或人生的角度來思考，就我而言，我在閱讀商業書籍時得知可以「用社群媒體賺錢」，所以選擇了現在的工作方式。相反的，如果不知道這個方法，可能就會一直在公司工作到退休。這並不是在評論誰好誰壞，而是想要告訴大家，**根據「不知」的比例，受到影響的範圍之大，涵蓋日常瑣事到人生的選擇道路。**

以上就是4種知識的差別，而「已知」、「未知」、「無知」、「不知」的比例，會不斷地隨著各位的行動而變化。

原本不知的知識，會轉變為無知或未知。

無知或未知的知識，會在經過實作和調查後轉變為已知。

已知的知識進一步累積，就會濃縮成精華。

如今，只要在書店或圖書館閱讀1本有興趣的書，就能發現自己的「不知」。也不用特意自己花時間體驗，閱讀優秀人物的見識，便可以直接將「未知」和「無知」更新為「已知」。

閱讀將知識「系統化」的書籍，是改變4種知識的最佳手段。

網路搜尋的陷阱

有些人認為如果只是要獲取知識，不用特地閱讀書籍，「在網路上搜尋就能解決」。這其實是一個嚴重錯誤的觀念。

會說「在網路上搜尋就能解決」的人，忽略了2個條件，一是「要有淵博的知識」，二是「必須擁有相關知識，才能進行搜尋」。

①知識博大精深

網路的搜尋引擎非常有效率，能夠準確命中想要知道的資訊，讓人可以在隨時隨地蒐集感興趣的情報。

然而，所謂的「準確命中」有個很大的缺點——使人誤解知識博大精深的程度。

讀書猿是暢銷書《独学大全》（鑽石社）的作者，曾經有人對他提問「現在這個時代，用網路搜尋就能獲得想知道的資訊，那您認為學習知識這一行為有何意義？」，他的回答如下。

「會天真地相信『用網路搜尋就能獲得想知道的資訊』，是不知道知識大海有多精深、廣闊。老實說，只要認真閱讀1本像樣的書籍後，就不可能會相信，該書可以用搜尋引擎蒐集到的資訊構成。」（《中央公論》二〇二一年八月號）

我非常認同這個想法。書籍僅僅是拋出一個話題，但網羅了大量的資訊，例如研究結果、作者的見解、專家的意見等。

相反地，網路文章為了確實呈現出搜尋者想知道的資訊，會在彙整後進行精簡。

書籍是網羅，網路是彙整。

當然，在網路搜尋一定能夠得到想知道的資訊。然而，網路上彙整的文章，具有能夠在短時間內達到目的的優點，但同時也有讓知識變得淺薄、狹隘的缺點。

兩者各有千秋，不過，我認為書籍和網路文章本來就不能相提並論。

②搜尋的前提是要具有相關的知識

在網路獲取資訊時，最大的缺點是只能搜尋到「已知的知識」。在先前介紹的「已知」、「未知」、「無知」、「不知」中，根本不可能在搜尋欄輸入「不知」的事情。從搜尋引擎中獲取所需資訊的「搜尋能力」，也與日常閱讀等自身擁有的知識量成正比。事實上，如果「不知」的事情太多，就連搜尋都做不到。

「無知」帶來的巨大損失

「無知之知」是我非常重視的一句話，這是源自於古希臘哲學家蘇格拉底的基本思考法，意思是「知道自己無知」。

也就是說，這是一種狀態——了解世上的知識大海相當精深，並意識到自己還有許多不知道的事情。

各位是否聽說過「讀書人大多都很謙虛」這一普遍的看法？我認為謙虛的原因在於「無知之知」。

我真正體會到「無知之知」是在我17歲剛開始閱讀書籍時。書讀得愈多，我愈了解知識有多麼博大精深，同時也得知了一項事實：一般人並不會察覺自身「不知道的事情」。

尤其令我震驚的是「確認偏誤（Confirmation Bias）」。

我從以前就很喜歡與他人爭論，為了「辯駁」對方的言論，經常上網蒐集許多印證自身想法的資料。

當我對一個問題主張A結論，朋友支持B結論時，我只會尋找能夠加強自身論點的資料，而用來佐證朋友主張的資料卻以「毫無可信度」為由視而不見。朋友和我是一樣的態度，所以每次的辯論都是平行線。

那時我才知道何謂「確認偏誤」。

所謂的「確認偏誤」是指傾向於只關注對自己有利的資訊，忽略對自己不利的資訊。人的大腦會傾向於節省能源，會不自覺地受到許多偏見影響。

自從了解什麼是「確認偏誤」後，我與朋友間的「辯論」才轉變為有意義的意見交換。

世界上有許多知識、系統，以及各種人類和思考方式。

正確答案不一定只有一個，對自己來說「不知道」的事情比想像的還要多。發覺「無知之知」，能夠知道否定、批評他人有多愚蠢、可怕。

我們必須謙虛。**累積大量知識的讀書人中，之所以有這麼多謙虛的人，是因為「無知之**

知」，這也可以說是閱讀的好處之一。

每日的閱讀都會增加差異

根據數據顯示，日本社會人士平均每天花費6分鐘學習（參考：日本總務省統計局的『平成28年社会生活基本調查結果』）。

換句話說，養成每天閱讀15分鐘，學習時間會比平均高出1倍以上。掌握知識，更容易面對恐懼，行動力自然會提高。同時會減少不知，增加搜尋能力，還能了解知識的博大精深，為人變得謙虛。

掌握作為閱讀入口的知識，好處之一是使人生和品行得到改善。

■閱讀的好處②
提升想像力和共鳴力

閱讀的第2個好處是提高想像力和共鳴力。

文章是想像的世界，是一個沒有一丁點影像、聲音、味道，只用文字表達的地方。乍看下是個充滿限制的無聊世界，但正因為如此，才能擴展屬於自己的想像世界。

以下的內容擷取自讀心師DaiGo的著作《人を操る禁断の文章術》（かんき出版）：「在看到『你認為世界最漂亮的美女是長什麼樣子？』這行字後，雖然結果因人而異，但大腦都會想像出『自己覺得最漂亮的美女』。這就是文字擁有的力量。看到一句話就會開始產生想像——此例則是對『美女』一詞做出反應，在腦海中描繪出**世界上最美的某人**的樣貌。」

雖然這本書是用較通俗易懂的「美女」舉例，但利用自己的想像力，甚至可以在腦中勾勒出景色、表達出感動的聲音，以及氣溫、溼度與一切能夠想像的事物。

文章創造出的世界，愈是想像就會愈有趣、愈廣闊。

理解文章的大腦

在追求「擴展文章創造出的想像力」前，我要先說明「大腦如何理解語言」。在此，我將用自己的方式解釋東京大學教授酒井邦嘉的著作《脳を創る読書》（實業之日本社），並簡單地進行說明（想要深入學習的人，推薦直接閱讀這本書）。

首先，在用雙眼閱讀文字時，資訊會從視覺神經進入大腦中一個名為「視覺皮層」的地方。視覺皮層會在腦內再現眼睛看到的事物。穿越視覺皮層後，接著會前往「聽覺皮層」，閱讀的文字會再轉換成「聲音」——也就是，在腦內將文字想像成聲音。

在聽覺皮層，會以轉換為聲音的資訊為基礎，從龐大的記憶中搜尋文法的要素，包括單字與「的、了、著」等助詞，以及「但是、還有」等接續詞。聲音就像是一種裝飾。

最後，文字會送到名為「語言中樞」的地方，在這裡，「閱讀」會與語言相互聯繫，如此一來，就會將文字理解為文章。

將流程彙整後如下：

1. **識別文字（看）。**
2. **從視覺神經發送到大腦的視覺皮層。**
3. **文字資訊在聽覺皮層轉換成聲音。**
4. **記憶針對聲音搜尋文法要素。**
5. **發送到言語中樞，形成文章。**

要經過如此複雜的流程，大腦才能夠理解文章。

如同文章，聲音和影像在輸入大腦後也會經歷一樣的流程。就聲音來說，發送的入口是聽覺皮層而不是視覺皮層，不過終點相同。發送到聽覺皮層的資訊會在語言中樞會合，最後就能用文章的方式理解語言。

想像力創造世界

文字、聲音和影像在語言中樞中最終都會被理解為「文章」，不過在入口處輸入的情報量會有所差異。

假設只用文字輸入知識的閱讀為0，那聲音根據朗讀者會有細微的語調和語氣，影像則會有更多視覺和聽覺情報。

換句話說，書籍是最簡單、訊息量最少的媒體。

接下來，讓我們回到想像力的話題。像書本這種修飾極少的媒體，大腦會試圖用想像的方式來彌補不足的部分。

例如在影像中，夕陽的色彩、搖曳的草木以及地平線的彼岸都會以情景的樣子傳遞到大腦內。聲音無法像影像那樣，但可以傳達風聲、樹木的沙沙聲。然而，在文章中，不可能逐字逐句地描寫情景，所以讀者的大腦會進行想像，彌補不足的部分。

同樣在《脳を創る読書》一書中，酒井教授解釋：「『閱讀』並不是單純地透過視覺將內容輸入大腦，而是會用想像力補充不足、解決模糊的地方，同時也是用『自己的話』來替代的過程。」

從上述的內容可知，被動理解的影像，與主動強迫人想像的閱讀，大腦的使用方法完全不同。在閱讀時，會自然而然地主動用想像力補足訊息，並用「自己的話」來替換模糊不明確的部分。正因為情報量少，才能創造出更自由的世界。

由此可知，閱讀的好處之一是「提高想像力」。

掌握對方情感的共鳴力

除了想像力，閱讀還能培養共鳴力。

共鳴力是指「準確掌握對方的情感（喜怒哀樂），並體驗相同情感的能力」。類似的詞彙還有「協調」。

- **所謂的共鳴是，以自己的經驗為基礎，理解、貼近對方的心情。**

・**所謂的妥協是，放下自己的堅持，贊同對方。**

直接比較就能看出，兩者相似，意義卻不同。能夠理解並貼近痛苦、傳播喜悅一起歡笑的人，可以說是具有高度共鳴力。共鳴力對於社會生活相當重要，推薦利用小說（虛構）來提高此能力。

根據心理學家雷蒙德・瑪爾（Raymond・Mar）與多倫多大學認知心理學的名譽教授基思・奧特利（Keith・Oatley）進行的調查顯示：「閱讀虛構小說的頻率，與其共鳴力有正向的關係」。

因為是藉由與記憶或過去的經驗重疊來了解故事內容，閱讀小說，會喚起自己曾經的經歷。我也曾經強烈體會過這一點。

20幾歲的時候，我在閱讀商業書籍的同時，也愈來愈常閱讀小說，漸漸地，我開始能夠自行掌握登場角色的想法和情感。當時，我想起了以下這段往事。

父母在我3歲時離異，而且母親還在我4歲的時候死於交通事故。

我的生活因此發生天翻地覆的變化。當時我和姊姊年紀尚小，失去父母後，外婆收養了我們。外婆經營一家運輸公司，過著富裕的生活。

要說這個家庭有多富裕，在我小學2年級時，只是說句「想要買書」，外婆就會將1萬日圓的鈔票塞進我手裡的程度。

不知道為什麼，外婆和員工伯伯同居，也就是說，家庭成員是外婆、姊姊、我，以及員工伯伯。伯伯和外婆是同齡人，一樣是40多歲快50歲，是個非常善良的人，他把我和姊姊當作自己的孩子撫養。

我至今還記得，伯伯每天早上為我們做早餐，休假日帶我們去遊樂園、公園、水族館、動物園等許多地方玩。那時過得相當幸福，完全不介意雙方是不是有血緣關係、是不是家人。

轉折點發生在我14歲那年，外婆的運輸公司倒閉，並宣布破產。生活再次發生天翻地覆的改變。外婆賣掉當時少見的大坪數三層透天，舉家搬進小公寓，領福利金過活。那時才知道，買自己喜歡的東西是件多麼「奢侈的事情」。

為了符合領取福利金的條件，外婆與血緣關係與婚姻關係都沒有的外公（伯伯）決定開始分開生活。

外公原本是公司員工，在公司倒閉後失業。當時他已經60幾歲，要找到新工作相當困難，即使找到了，也養不起4個人。外公為此相當苦惱，但我當時正處於青春期，只顧著和朋友玩樂，對於和外公分開生活並不在意。

外公長期在運輸公司工作，身材相當強壯，完全不會想到他已經年屆60。不過，在分開生活1年後，給人的印象卻變得很脆弱。之後，在我國中3年級，也就是15歲時，外公因為罹患癌症，像是完成任務般地，離開了人世。

我當時一心想著「怎麼會發生這種事」，10年來一直生活在同一屋簷下，對我們百般疼愛、呵護的外公，面對他的離世，只有我一滴眼淚都沒有流。

過去我一直覺得自己是相當冷漠的人，但在閱讀小說後，發現並不是我想的那樣。

小說是由專業作家用文字準確地表達出登場角色的內心狀態，例如令人流淚的悲傷、強烈的憤怒、雀躍的喜悅等，將情感化為文字。

讀者在閱讀文字時，會將自己的經歷與登場人物的心境相互連結，進而產生共鳴，並模擬體驗故事中發生的事情。

英國萊斯特大學的研究也顯示，閱讀虛構小說時，大腦會出現「像是自己親身經歷般的反應」。正因為我們能夠以角色的角度來理解，才能將故事情節當作自身經驗來感受。

閱讀完小說後，我得知自己為什麼在外公去世時沒有流淚，那是因為我當時不了解一個人的死去代表著什麼。不知道「死」會帶來無法再次見面的孤獨，和無法再次交談的恐懼。

這次的經歷告訴我：「透過小說能夠學習到，人在什麼情況下會有什麼的情緒」。**小說中的角色處於各種立場和環境，以所有角色的視角來看待事情，藉由這樣的模擬體驗下，可以提高共鳴力。**

換句話說，我們有時會將從小說中獲取的資訊，與日常生活或是過去的經驗結合，從而得到新的視角。如此一來，就能夠接納他人，並更有同理心。

想像力和共鳴力是人生最強的夥伴

閱讀可以培養思考並「補足不足處的想像力」與「理解對方內心的共鳴力」。獲得這2種能力對日常生活有何益處呢？以下介紹3個優點。

①提高溝通能力

無論是在工作上還是私生活，根據立場和處境，每個人看到的世界都不同。為了和他人順利交流，重要的是要從表情和言語露出的端倪，理解對方的心情。

提高想像力和共鳴力，就能站在對方的角度進行對話。

②提高風險管理能力

想像力能夠預測風險和投資報酬率，所以有助於風險管理。

由於可以想像出實際發生問題的情況，為了防止產生問題，能夠正確判斷出當下需要什麼、哪些則是不必要。

我有一位朋友，20幾歲就開始經營房地產事業，他是一位真正的讀書人，也是一位不斷嘗試多種事業的創業家。

他曾說過：**「在創業的時候，我會先想好失敗的可能性與決定收手的最後底線。」**

擁有豐富想像力的人能夠承受風險，但不會犯下重大錯誤。他們會以失敗為前提，設法將風險降到最低。

想像力可以說是「真實地展向未來情景的能力」。

③不太會產生憤怒的情緒

在說明之前，我要先說一個小故事。

有次去要東京開會，我和年紀20出頭的下屬2個人一起開車前往。由下屬負責駕駛，而我則是坐在副駕駛座。

我們以時速50公里左右的速度，行駛在一條沒有中間分隔帶的道路上時，有一輛汽車從後方高速駛來，導致車與車的距離縮小，有時甚至只隔2公尺。

下屬因此相當焦慮，我對他說「不要在意那台車，照正常時速行駛就好」。

接著，後面跟得不耐煩的汽車，從對向車道超過我們的車。在對方超車時，我看了一眼駕駛，發現是一位年紀約介於30至40歲的女性獨自駕駛。

在這種情下來，可能會想也不想地唸一句「很危險耶！」

不過，如果同理對方的感受，或者想像對方的想法，就會想說「可能孩子發生什麼事，她在趕時間吧……」、「是不是發生什麼事情……」。即便準確率不高，但是想像所有的可能性，有助於平息憤怒的心情。

養成習慣，在發生什麼事情時，思考「或許是……」，自然就會傾聽對方的想法，不會不由分說地發火。

同樣地，因為能夠冷靜地傾聽對方說的話，觀察整個情況後再判斷，工作上的交談或是與家人對話時，也可以減少做出武斷的行為或是出現感情上的摩擦。

想像力和共鳴力是讓為人更溫和的魔法。

■閱讀的好處③
成為抗壓性強的人

閱讀的第3個好處與壓力有關。

我透過閱讀，獲得了不受壓力困擾的生活。

即便告訴他人「閱讀有助於減壓」，很多人依然無法想像這兩者之間的因果關係。

然而，我可以充滿自信，並拿出證據告訴各位。

閱讀會幫助我們減輕壓力，創造出不用苦於壓力的日子。

感受到壓力的瞬間

各位是否曾思考過，自己是在哪個瞬間感受到壓力呢？簡單來說，我認為是在「無法自己控制」的狀態下。

- 不想做手邊的工作，但卻必須要做。
- 必須思考不了解的事情。
- 孩子不聽話。
- 明明已經教過了，下屬依然無法完成工作。
- 遭到惡人妨礙。

把這些「無法自己控制」的狀態轉變為「知道怎麼解決的狀態」如何？「可以解決」的狀態，也可以說是「能夠自己控制」的狀態。

也就是說，能夠控制時，就可以過著遠離壓力的生活。

創造出日常問題可以自行解決的狀態

剛出社會工作的時候，我的個性相當急躁，事情一不順心就發脾氣，這點對自己來說其實很不利。

經過10幾年後的今天，我了解當初的自己為什麼那麼容易生氣。

因為每天身邊充斥的都是無法自行控制的事情。

作為一個社會人，盡是些我不懂的事情，就好像日常生活是由「麻煩」和「困難」構成。如果長時間處於這種狀態，人就會陷入「視野狹窄」的情況。無論是心靈的視野還是看得見的世界都變得狹隘，並且毫無餘裕。

在沒有餘裕的時候，就像是水從杯子裡溢出來一樣，無法有效掌控情緒。

• 在苦惱的時候，如果還有人對自己開玩笑，就會感到煩躁。
• 在做一些必須專注才能完成的事情時，如果孩子纏著自己說話，就會發脾氣。

相信各位也有這樣的經驗。

當時的我，處於每天都是裝滿水的表面張力狀態，一點小事就會爆發。因為毫無餘裕，也沒有解決的方法，滿心都是煩躁。

在這樣的情況下，拯救我的就是閱讀。

當時，在便利商店無意中翻開的書上寫著一句話：「感到『困難、麻煩』只是2個以上『簡單但卻不知道的事情』交織在一起而已」。至今我都還記得看到這句話時感受到的衝擊。

如果將「麻煩」和「困難」拆開，就只會說「我不知道」。

正如之前在「知分為4種」那一小節的說明，減少「不知」會減少「不知道」。

即便出現問題，只要知道解決的方法即可。如此一來，原本認為無法控制的事情，就會轉變為能夠控制的事情。

這就是我得知透過閱讀累積知識，可以減輕壓力的瞬間。

為了直接緩和壓力而閱讀

要想解決日常生活遇到的問題，擺脫壓力來源，就必須累積知識。不過，閱讀這一行為，其實也具有緩解壓力的效果。

英國薩塞克斯大學進行了一項實驗，分別調查「閱讀」、「聽音樂」、「喝咖啡」、「玩遊戲」、「散步」這5個項目的解壓效果。結果顯示，閱讀是其中舒緩壓力效果最好的方法。

- **閱讀：緩解68%的壓力**
- **聽音樂：緩解61%的壓力**
- **喝咖啡：緩解54%的壓力**
- **玩遊戲：緩解21%的壓力**

・散步：緩解42%的壓力

此外還得知，在安靜的地方閱讀，只需要6分鐘就能減輕超過60%的壓力。

這項研究相當有名，其結果告訴我們「閱讀」帶來的驚人效果。另一方面，也有人認為，由於作為調查樣本的人數不夠多，可信度低。因此，以下將從其他視角來進行評估。

多工處理的弊端

在進一步針對壓力進行說明前，我想先與各位談談「多工處理的影響」。

我們每天都很忙碌，總是帶著智慧型手機，邊走路邊看電子郵件。藉由社群媒體和他人保持聯繫，而且有時候還會邊吃飯邊玩遊戲。

換句話說，大腦時常處於多工處理的狀態。

以腦科學領域的常識來說，多工處理是工作效率最差的選項。

大腦本身就不擅長多工處理，所以才有人說「大腦根本無法進行多工處理」。

分解多工處理的原理後可得知，大腦不是「同時處理『A』、『B』、『C』工作」，實際上是「『A』↓切換『B』↓切換『C』↓切換」，也就是說只是進行高速切換，所謂的同時處理不過是自以為是的想法而已。

目前已經證實，如果長時間多工處理，會對大腦造成傷害，導致功能下降，細胞死亡。

英國薩塞克斯大學認知科學中心表示，頻繁進行多工處理，會改變大腦結構，很有可能會使專注力下降或是罹患憂鬱症。

大部分的人都不知道，造成每日壓力的原因是，受到日常生活多工處理的影響。

有意識地減少多工處理，可幫助緩解大腦疲勞，重拾內心的從容。

不過，當他人說「減少多工處理」，各位可能會很難想像要如何減少。

這時候可以試著換個說法：增加單工處理的時間，也就是刻意創造出「集中於眼前這一件事」的時間。

我最推薦的方法是閱讀。

閱讀可以說是一項無可比擬的單工處理，能夠讓人在一段時間內只面對文字。**在這段時間**

內，不會有間情因為過去無法改變的煩惱而感到煩躁，或者是對未來不確定會不會發生的事情感到不安。

注意力只會放在此時此刻閱讀文字時，所聯想到的訊息或畫面上。

讓大腦最大程度地放鬆

各位在閱讀時，是否有過彷彿進入文字世界的感覺？當回過神的時候，發現已經過了30分鐘、1個小時，就好像把時間拋在腦後般。

- 以棒球比賽來說是「看見棒球縫線」的瞬間。
- 以觀賞電影來說是「沉迷於動作戲」的瞬間。
- 以工作來說是「不間斷處理大量工作」的瞬間。

也就是，專注於「當下」的狀態。

事實上，在進行單工處理時，就算將力量發揮到極限，大腦依然處於最為放鬆的狀態。因為沒有額外的負擔，在專注力中斷的瞬間，還會對自己的表現感到很滿意，認為「我做得真好！」。這種狀態稱為「正念（感受當下的瞬間）」。

這是一種沉浸於現在，專注於眼前的狀態。

閱讀是一項無可比擬的單工處理，換句話說，閱讀可以創造出正念狀態。

雖說如此，若是沒有先養成閱讀的習慣，要進入正念狀態還是有難度。

我收到許多相關的煩惱，例如：

- 看一下就想放棄。
- 看到不小心睡著。
- 覺得閱讀文字很疲勞。

在接下來的「祕技1」中，作為實踐篇，將會與各位分享，我在想要進入正念狀態時，會留意到的7個要點。

秘技 1

創造正念的7種方法

更輕鬆、更享受地閱讀

①不要選擇內容艱澀難懂的書籍

想要沉浸於文字中時，如果選擇內容艱澀的書本，注意力就會放在理解上，導致無法投入其中。這會導致疲勞累積以及注意力不集中。

因此，要緩解壓力，請避免閱讀難懂的書籍。

②不要選擇陌生領域或英文字多的書籍

即使書籍的目標受眾是初學者，閱讀陌生領域的書籍，有時也還是會看到許多無法理解的詞彙。

此外，英文字多的書籍，例如「priority」、「discussion」也會使專注力放在思考上，而不是沉迷於文字中。

請選擇用直覺就能理解的書，會比較容易投入其中。

③閱讀書籍時選擇喜歡的類型

無論是多麼暢銷、多麼受歡迎、店員多麼推薦的書籍，如果不感興趣，就無法堅持閱讀到最後。

曾經有段時間，我覺得閱讀難懂的文學作品是件「帥氣」的事情，但卻無法沉浸於文字。

相較世人的評價、是否帥氣，最重要的是閱讀喜歡的書籍，藉此湧現「沉浸感」。

無論輕小說、愛情小說、懸疑小說、自我啟發書，還是歷史作品都很好，請按照自己的喜好來選擇書籍的類型。

④維持手邊有多本書的狀態

注意力總是會有無法集中的時候，渙散的時間可能是5分鐘後，也有可能是10分鐘後。

如果繼續閱讀，注意力固然會回到「當下」，不過強迫的專注並不能持久。遇到這種情況時，乾脆抱持著「今天沒心情看這本書」的心情，換1本書吧！

當然，也可以選擇已經閱讀過的書籍。

⑤選擇「作者」

閱讀小說和輕小說時，建議選擇喜歡的作者所撰寫的作品。

因為了解作者的寫作風格和節奏，即便是第一次接觸的書，也能夠很快地沉浸其中。

⑥選擇可以專注閱讀的場所

選擇閱讀的場所相當重要。噪音會分散注意力，強制將人趕出沉浸狀態。此外，待在與平時不同的地方閱讀，會受到過多的刺激。

所以也要養成在固定地點閱讀的習慣，營造出適合閱讀的環境，推薦在自己的房間或是捷運上。

在閱讀時，邊聽一些有助於集中注意力的「巴洛克音樂」，或是為了幫助專注而設計的音樂「Weightless無重力音樂」等，效果會更顯著。

⑦盡量選擇紙本書

對於沉浸於文字來說，建立一個能夠集中注意力的固定動作，可以發揮出效果。例如以書本來說，翻閱的動作是產生沉浸感的觸發點。

意識到這7個要點，並閱讀讓人感到更輕鬆、更喜歡、更享受其中的書籍，就能使自己像是身歷其境般，從而創造出正念的狀態。

正念消除壓力的效果

最後我要說明的是，沉浸於閱讀中創造出的正念狀態，能夠為我們帶來多大的解壓效果。

在各種研究中，正念狀態的效果已經數據化。這裡將引用統合分析在世界各國進行的隨機比較實驗所撰寫的論文，以及相關報導的內容。

- **憂鬱效果量：負0・53**
- **不安效果量：負0・56**
- **壓力效果量：負0・45**
- **幸福感效果量：0・33**

實際效果量的計算方法與日本考試中經常使用的偏差值相同。

「壓力效果量：負0・45」用偏差值來說，減壓效果是4・5左右。

說到緩解壓力，也許有些人會想到「瑜伽」。

Denise・Rizzolo在二〇〇九年發表的論文中寫道「瑜伽、幽默、閱讀」都是簡單就能幫助緩解壓力的方法。另外，「瑜伽、幽默、閱讀」3者效果相同，沒有任何一項占據優勢。包括先前介紹薩塞克斯大學的「6分鐘緩解6成以上壓力」，所有研究都在在證明了閱讀的減壓效果。

閱讀是無可比擬的單工處理，能夠讓人進入正念狀態，為日常生活繁忙、疲憊的人帶來緩解壓力的效果。

可以說，這是只要閱讀就能得到的莫大好處。

■閱讀的好處④
獲得豐富的詞彙量

閱讀的第4個好處是，增加詞彙量。

「詞彙」的「詞」用來表示單詞，「彙」則是蒐集的意思。「詞彙」簡單來說就是「單字和表達」。

有些人可能會想說「詞彙只是使言語表達更加豐富而已吧？有很重要嗎？」，就我認為，是否建立詞彙能力會對人類的人生產生劇烈的影響。

言語會表現出一個人的生活方式和人性。

因為用於對話的單詞和學到的教養，全部都會反映在「言語」上。

說出口的言語＝你的人格

有一件事讓我切身感受到詞彙能力的重要性。

以前我在公司當業務時，主管是一位知識淵博，用詞精準的人。在我回報簽約成功時，主管的回饋都相當具體，例如：「客戶對你誠實的態度給予很好的評價，這就是你的優點。」，因此，自然就會為下份合約更加努力。

相反地，有些人則會使用幾乎可以說是同義詞的詞彙來表揚，例如：「喔！你做得很好！」、「這樣超棒的喔！」、「不愧是你耶！」。我並沒有想要比較兩者的優劣，但我由此得知，具體的回饋更能打動人心。

再舉一個例子。

如同我在「恐懼與知識的關係」（P29）一節所介紹的，人是一種直覺性的生物，會對自己不知道的事情感到「恐懼」、「麻煩」、「困難」。

如果沒有詞彙能力，日常生活就會接二連三出現「不知道」的事情。**極端來說，沒有詞彙能力，就無法詢問他人，也無法查找資料，最終陷入「就連自己不知道什麼都不知道」的狀態。**對於解決「麻煩」總是選擇推遲甚至放棄，進而失去好奇心，將自己關在狹小的世界生活。

我以前參加增進員工感情的尾牙或酒會時，總是覺得無聊。因為對話的內容不外乎是「過去的辛苦故事、性騷擾、職場霸凌、開黃腔、無益的抱怨」，至於那些難以表達的正向內容則不在討論的範疇內，例如「今後想做的事情、尊敬的人、開心的事情、對未來的想像、希望擁有的事物」等。

在思考為什麼這些人說的話題盡是「過去的辛苦故事、性騷擾、職場霸凌、開黃腔、無益的抱怨」時，我想起與閱讀夥伴間的對話，並進行比較。

在與閱讀夥伴聊天時，如果我拋出一個話題：「我最近在看的一本有關壓力的書寫說，『只有認為壓力不好的人，才會受到壓力的負面影響。』而感到很震驚。」

A「所以意思是，改變看待壓力的方式，就能產生好的影響嗎？」

B「如果會根據認知而改變，那也要討論關於視角的問題。」

C「可以跟我講書名嗎？我也想看看那本書。」

會像上述這樣，話題朝著各種方向發展，對話也不會中斷。

隨著詞彙量的增加，思考也會產生分支，朝著各種方向擴展，與他人交流時，話題會更廣泛、更具深度。好奇心層出不窮，必定會找到自己想要學習的領域。

沒有詞彙能力，就無法拓寬所看到的世界，表達也會顯得很單調。而且將無法想像和享受沒有形體的事物。

對話和思考都是經由言語來進行，因此增加詞彙、提高言語的品質相當重要。我認為這將成為契機，使人擺脫三句不離「過去的辛苦故事、性騷擾、職場霸凌、開黃腔、無意義抱怨」的聚餐。

認知詞彙與使用詞彙

我在深入研究詞彙後得知，詞彙大致分為2類。

- **理解詞彙（認知詞彙）：聽、讀時可以理解的詞彙。**
- **使用詞彙：說、寫時使用的詞彙。**

舉例來說，**與「可愛」意思相近的詞彙有「喜愛」、「憐惜」、「惹人憐愛」等。「喜愛」、「憐惜」、「惹人憐愛」等是聽到可以理解其意思，但在日常會話或文章中較少使用。**

這就是理解詞彙和使用詞彙的差異。

要提高詞彙能力，就必須增加理解詞彙以及使用詞彙，其中效果顯著的方法就是閱讀。

讓我學習到詞彙能力重要性的書籍之一是，石黑圭的著作《語彙力を鍛える——量と質を高めるトレーニング》（光文社）。

這裡要對裡面的一段文章進行說明，內容為「理解詞彙的數量遠比使用語彙還要多（中略），以不等號來表示，通常為『理解詞彙＞使用語彙』。人類在學習某一詞彙時，必定會先經歷理解語彙的階段，才會成為使用語彙」。

詞彙的關聯性在於，會按照以下階段演變：「知道詞彙（認知詞彙）」→「反覆看到（理解）」→「成為可以使用的詞彙（使用詞彙）」。

大幅提高詞彙能力的閱讀

要增加認知詞彙，並升級到使用詞彙，最有效的方法就是閱讀。只要閱讀書籍，就能透過文章慢慢地理解作者的使用詞彙。

以剛才的「可愛」相似詞為例，幾乎所有人都知道「惹人憐愛」一詞，但卻不會拿來當作使用詞彙。

「惹人憐愛」有「憐惜疼愛」的意思。

「憐」一詞包含「疼愛」、「憐憫」之意，比起「可愛」，同情的意味更為強烈。

要理解這個意思，必須要閱讀許多將「憐愛」一詞用於表達的文章。

- 眼前純真、惹人憐愛的少女正在向我招手。
- 看著惹人憐愛的少女露出天真浪漫的笑容，內心得到安慰。
- 彷彿用盡僅有的那點力量，惹人憐愛的花朵開花了。

只要列出各種例子，就能夠逐漸理解「惹人憐愛」一詞的使用方法，於是就會升級為使用詞彙。

在相同環境度過同樣的時間，屬於自己的使用詞彙就會變得不可替代。因此，藉由閱讀來接觸作者的使用詞彙，就會與新的詞彙相遇，並看到新的世界。這難道不是只有閱讀才能感受到的巨大好處嗎？

■閱讀的好處⑤
提高閱讀的速度

從閱讀感受到的第5個好處是，閱讀速度的提高。

閱讀帶來的好處中，我最有感的就是「閱讀速度提高」。

2年前，也就是27歲，我開始使用能夠用文字發送貼文的社群媒體Twitter（現為X）時，強烈地感受到這一點。

因此，我在推特上發表推薦的書籍，以及與閱讀有關的知識。在發送貼文時，我發現了社會上普遍的常識和自以為的常識之間的差異。

當時我發文表示「我每天大概會閱讀2本書」。

對此，有許多人提出疑問和質疑，例如「怎麼做才能每天閱讀2本書？」、「怎麼可能一天就可以讀完2本書！」。

在那個瞬間，我得知自己認為理所當然的事情，對其他人來說是不可能做到的事情。

我身邊的人都覺得一天都讀好幾本書是理所當然的事，因此我才會覺得這是常識。

那為什麼有些人閱讀速度快，有些人的閱讀速度卻比較慢呢？以下我將會對此進行分析並說明。

測試閱讀速度的方法

在詳細介紹「閱讀速度測量方法」前，我要先說明「何謂閱讀速度」。

書本從厚到薄有各種厚度，其中商業書和自我啟發書等256頁左右的書籍，大約是由10萬字構成。

如果完全沒有跳過任何內容，逐字逐句看到最後，大概需要多少時間呢？

據說，日本人的平均閱讀速度是每分鐘400到600字。

假設以每分鐘600字的速度來計算，毫不間斷地閱讀，167分鐘可以讀完1本書，也就是2小時47分，閱讀2本書則需要5小時34分鐘。就每日達成目標來說，這個數字並不實際。

這就是為什麼有人會問我「怎麼做才能每天閱讀2本書？」。

事實上，我會定期測量自己的閱讀速度。

我採用的是吉姆・快克（Jim・Kwik）在著作《腦力全開：打破局限信念，加速學習，開啟無限人生新境界》（星出版）中介紹的「閱讀速度測量法」。以下介紹這本書裡收錄的方法。

●閱讀速度測量法

①計時器設定倒數2分鐘。

②以正常的速度閱讀，計時器響起後停止閱讀。在最後閱讀的地方做上記號。

③算一算某處3行（文字與標點符號數量平均）的字數，將總數除以3，就能得到1行的平均數字。

④數一數讀了幾行（只計算文字超過半行的句子）。

⑤將1行的平均字數乘以閱讀的行數（③和④得到的數字相乘）。

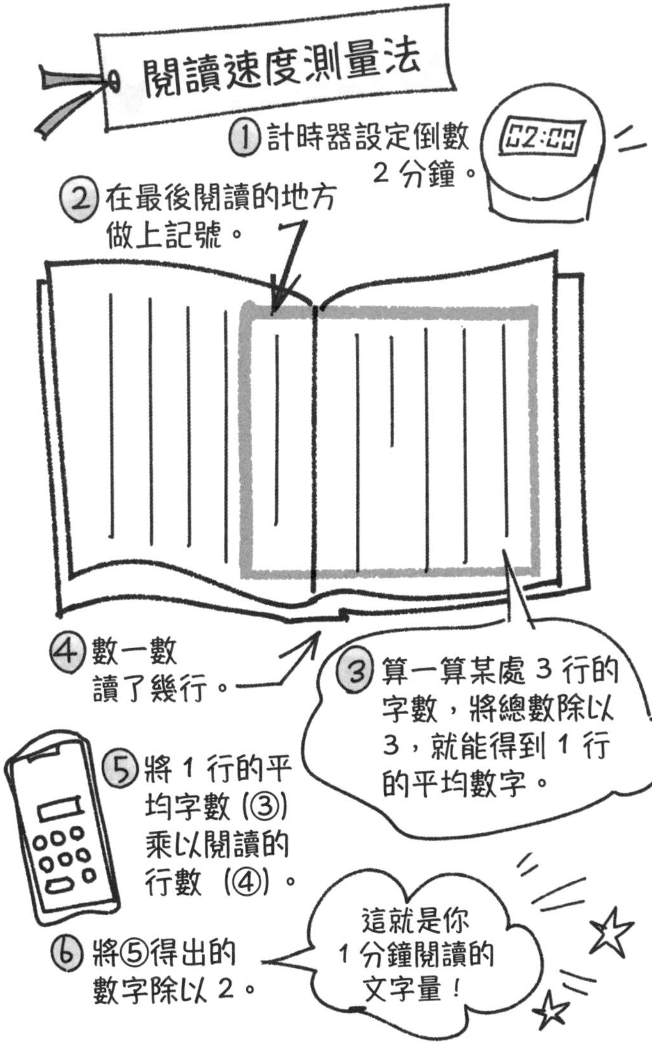

閱讀速度測量法
①計時器設定倒數2分鐘。
02:00
②在最後閱讀的地方做上記號。
④數一數讀了幾行。
③算一算某處3行的字數，將總數除以3，就能得到1行的平均數字。
⑤將1行的平均字數（③）乘以閱讀的行數（④）。
⑥將⑤得出的數字除以2。
這就是你1分鐘閱讀的文字量！

⑥將⑤得出的數字除以2（因為①設定為2分鐘）。

我用這個方法測量後，得到每分鐘閱讀1200字的結果。

也就是說，我閱讀1本10萬字的書需要花費84分鐘，即大約1小時24分鐘；閱讀2本書，也只要2小時48分鐘左右，這是一個符合現實的時間。

由此可知，閱讀速度快，就能在短時間內閱讀大量書籍。

順帶一提，在閱讀方法上下功夫，還可以進一步縮短時間。所以，實際上我閱讀2本書並不需要2小時48分鐘。

關於閱讀的方法會在下一章介紹，這裡要討論的是閱讀速度。

閱讀速度的真面目

用先前介紹的方法定期測量閱讀速度，可能會得出與上一次完全不同的數字。根據閱讀的書籍，測量出來的速度也會有所變化。

試想一下，這個結果並不奇怪——簡單好讀的書會加快閱讀的速度，閱讀艱澀難懂的書速度當然會下降。

再更進一步仔細思考。

內容讓人覺得難懂的文章，需要花費更長的時間來理解，因為要理解文章，就必須反覆閱讀。下面以托爾斯泰的著作《戰爭與和平》中的一段句子為例。

「對她來說，做一個熱情的人已經習以為常，即便有時她並不想表現得熱情，她也會裝出熱情的樣子，以免辜負認識她的人對她的期待。」

我第一次閱讀這段話時，完全不知道在說什麼。

在反覆閱讀的過程中，我才了解其中的情況：「周圍的人認為她是熱情的人，她為了不辜負大家的期待而演戲」。

像這種以獨特的文體構成的書籍，當然需要花費更多的時間來閱讀。

除此之外，如果書籍是完全不熟悉的領域，也會出現相同的情況。

例如，哈佛大學的終身教授，大衛・安德魯・辛克萊（David Andrew Sinclair）教授的著作《可不可以不變老？：喚醒長壽基因的科學革命》中的一段話。

「美國愛荷華大學生物化學系系主任查爾斯・布倫納（Charles Brenner）在二〇〇四年發現，維生素B_3的一種型態NR（菸鹼醯胺核糖），是極其重要的NAD前體。（前體是指生物化學反應中特定產物前一階段的一系列物質）。後來還發現，NR會增加NAD，從而活化Sir2酵素，進而延長酵母細胞的壽命。」

我第一次閱讀這本書時，也是完全看不懂。跟不上專業術語和論文的寫作方式，根本無法順利進入下一頁。

這本書有許多「專業術語」，因此，不僅要有閱讀和理解能力，基礎知識量也相當關鍵。不過，世界上也有人可以快速閱讀前面提到的《戰爭與和平》以及這本《可不可以不變老？：喚醒長壽基因的科學革命》。

以《戰爭與和平》來說，即使剛開始閱讀時並不順利，但讀著讀著，就會習慣這種獨特的文體。此外，平常不太會用到的詞彙，例如「熱情」、「裝束」、「傳統觀念」、「詐欺」，也會逐漸演變成使用詞彙。

我認為，經歷這個過程，會加快閱讀的速度。

若閱讀《可不可以不變老？：喚醒長壽基因的科學革命》的人擁有生物學基礎知識，那結果會如何呢？

至少不會因為內容艱澀而覺得難以理解。

也就是說，閱讀速度取決於以下3者：

・知識量

・詞彙量

・閱讀理解能力

之前已經提過，閱讀具有將無知和未知轉變為已知的力量。此外，還可以將理解詞彙發展為使用語彙。

透過此閱讀的好處，閱讀速度自然就會加快。

也就是說，閱讀速度會隨著閱讀量而增加。

這就是閱讀速度的真面目。

如何提高閱讀速度

閱讀速度提高時，並不是只有「能夠快速閱讀文字」這一優點。

以下節錄自ちきりん（Chikirin）的著作《自分の時間を取り戻そう——ゆとりも成功も手に入れられるたった1つの考え方》（鑽石社）。

「聽2個小時的對談，當然需要花費2個小時，就算在可以聽清楚內容的情況下快轉播放，也還是要花上超過1個小時。然而，如果手邊有這2個小時的對談記錄稿，大部分的人不用30分鐘即能了解整個主旨。甚至，還有人15分鐘左右就能夠理解。」

主播以每分鐘300字的速度朗讀文章。

相較之下，如先前所述，一般人閱讀文章的平均速度是1分鐘600字。

兩者相差1倍，因此，文章在獲取訊息方面，更可以發揮出驚人的生產力。

假設你平時就經常閱讀，擁有許多知識的碎片，熟悉文字，每分鐘能夠閱讀1000個字，又如何呢？

當主管問「有誰可以在明天之前整理好這本書的重點嗎？」時，可以先一步舉手。

因為獲取訊息的速度比他人都快，工作時當然就會更加從容。

閱讀這一動作會使閱讀文字的速度愈來愈快，理解能力也會提高。獲取訊息的能力更上一層樓，工作的生產力自然也會增加。

這就是只有閱讀才能體會到的好處。

■閱讀的好處⑥ 打破頑固的想法

閱讀的第6個好處是打破頑固的想法。

各位是否有聽過「迴聲室效應（Echo Chamber Effect，又稱同溫層效應）」這一詞彙呢？

迴聲室效應是指「自己的聲音會像回聲一樣迴響的房間（Chamber）」，意思是，只執著於想法與自己相似的人，或是與之待在同一環境。

反過來說，除非是不斷地挑戰，有意識地聽取他人的意見、日常生活吸收新知的人外，其他人都處於「迴聲室效應」的狀態。

這是因為，人類本來就是一種「害怕變化的生物」。

如今，只要打開水龍頭就會流出清水，去超市就能買到食物；然而，從人類的進化史來看，這個狀態也是最近才演變而成。

離開有水源的地方後，不知道下一次能喝到水是什麼時候。

長在路邊的陌生蕈菇可能有毒。

一走出安全的洞穴，可能下個瞬間就會被動物襲擊

追溯人類的進化過程就會知道，變化會直接導致死亡，是絕對不能選擇的選項。

隨著科學的進步，工作、生活方式和日常都發生了劇烈的變化。不過，從600萬年來的進化

史來看，近100到200年的生活就跟昨天一樣。

即便生活方式會改變，但人類懼怕變化的天性並不會輕易改變。

也就是說，如果沒有發覺到這一點，必然會將自己置身於迴聲室。

為了生存，我們的身體被設計成可以舒適地待在迴聲室的構造。

閱讀帶來的新視角

我16歲做磁磚工作時，以日薪7000日圓，工作20天來計算，起薪是14萬日圓。

當時，我的同齡朋友都在上高中，14萬日圓是只有我才能賺到的鉅款。

畢竟，家裡從我14歲開始就以領福利金過活，所以我毫不懷疑，「只要從現在開始慢慢地提高工資，等我月薪到20萬日圓後，就能過上成人該有的好日子」。

樂觀也算是個優點。

至今還記得，起初半年我還因為「賺大錢」沾沾自喜，天天都過得很舒適。

最後，是閱讀打破我的迴聲室。

書店裡的書幾乎都在告訴我，無論是「14萬日圓的現實」還是「20萬日圓的理想」從社會來看，都是極低的數字。

當我閱讀成功哲學的鼻祖奧利弗・拿破侖・希爾（Oliver Napoleon Hill）所著的《思考致富》後切身地體會到，我之所以只拿14萬日圓的低薪，既不是社會的問題，也不是因為我只有國中畢業的關係，而是因為我的想法。

我並不是想稱頌「心想事成」這種老舊思想。

不過，人的身體確實會朝著腦中描繪的方向前進。

閱讀時會發現，有多少書就會有多少不同的想法。聽取他人的意見，會徹底改變自己的價值觀，並成為往前進的契機。

人可以拒絕變化，但時代正以驚人的速度發生變化。

正因為如此，才會希望各位不要執著於一種價值觀，而是閱讀書本理解各種不同的想法。

直接聽取別人的意見也是不錯的方法，不過，要靠自己的力量馬上擺脫迴聲室，最好的辦法就是閱讀。

連沒有意義的閱讀也有其價值

到目前為止，已經向各位說明了只有閱讀才能夠體會到的好處。

①掌握知識降低挑戰的難度
②提升想像力和共鳴力
③成為抗壓性強的人
④獲得豐富的詞彙量
⑤提高閱讀的速度
⑥打破頑固的想法

各位閱讀到這裡，內心是否產生了「想把閱讀融入日常生活」的想法呢？

除了我所體會到的好處外，還有科學認證的優點。

閱讀是最棒的娛樂，既有助於培養大腦成長，又可以使生活多采多姿。請務必親身體驗閱讀帶來的美妙益處。

進入第2章詳細介紹我的閱讀法前，我想先談談能夠讓閱讀更加舒適輕鬆的視角。

討厭閱讀的原因

大部分的人都是在小學階段學習如何閱讀文字和書本。

相信各位都能回想起當初在國語課上，老師問的「作者寫這句話的背後，是帶著什麼樣的想法呢？」。

此外，有許多人受到的教育是，必須將教科書從頭到尾看得滾瓜爛熟，讀懂作者想表達的意思，才能在考試的時候填滿答案欄。

若是長大成人後依然無法擺脫這種閱讀方式……。

我認為這就是不喜歡閱讀的原因所在。

逐字逐句地閱讀是一種「強迫自己連沒有興趣的部分也要看的逞強閱讀法」。
就像是被迫坐在體育館堅硬的地板上，聽校長訓話一樣；就如同因為老師在教室台上說明「必要的知識」，只能被困在堅硬、狹窄桌椅內無法逃脫。
即便能夠從中受益，這種閱讀方式無法持久也是理所當然的。
接下來，我將詳細介紹分別使用「4個視角」的閱讀技巧，讓各位的閱讀體驗煥然一新。
學會善用這4個視角後，是想要吸收什麼樣的知識呢？還是只是單純想要享受內容呢？
即便是同樣1本書，也能夠配合目的和心情，享受選擇閱讀法的樂趣。

秘技 2

享受閱讀的4個視角

配合目的改變視角

閱讀時有4個視角，分別是「作者」、「作品」、「讀者」、「他人」。這在許多閱讀法相關書籍中都有介紹。

有不少人會質疑「一樣的書會有不一樣的視角嗎？」，因此以下將一個一個地詳細說明。

①以「作者」的角度來閱讀

「作者」的角度……透過作者的主觀想法來理解內容。

以作者的經歷或是作者所依據的主張為前提，並以「如果作者是這麼寫的，那應該是這個意思吧」的想法來閱讀這本書。

也可以說，這一種視角是用來尋找與作者以前的作品有什麼樣的共同點、比較不同之處，並深入理解作者的想法。

例如，在我喜歡的作者中，有一位是日本短時睡眠培育協會代表理事堀大輔。堀先生出版了多本顛覆傳統睡眠觀念書籍的人，例如以下2本：

・《できる人は超短眠！》（forest出版）

・《睡眠の常識はウソだらけ》（forest出版）

閱讀這2本書時，我受到了很大的衝擊。

我起初閱讀的是《できる人は超短眠！》。堀先生正面否認現代的睡眠觀念，以此為契機，我開始懷疑一般所推薦的7小時睡眠理論，認為「這個理論搞不好是錯的」。

我還記得當初內心感受到的震撼，覺得「堀先生提出的意見也太有趣了吧！」

之後，我了解了堀先生的經歷、營運團體的服務內容，以及閱讀其多本著作，並將堀先生的想法安裝在自己的大腦中。

我以堀先生的思考方式和主張為前提閱讀《睡眠の常識はウソだらけ》，結果獲得完全不同的感覺。

不僅是文字和數據，還可以像是實際體驗一樣閱讀堀先生的論點。畢竟我連堀先生對世界所感受到的不協調感，也都裝設在自己的大腦裡。

這就是作者的角度。

在閱讀時還能夠模擬作者是用什麼樣的心情寫出這些內容，例如「如果有人問起這個睡眠問題，堀先生一定會這麼回答」。

讀者以作者的角度來閱讀，可能是最能讓作者感到開心的閱讀方法。

②以「作品」的角度來閱讀

「作品」的角度……模範解答式的閱讀。

如果換一個說法，以「作品」的角度來閱讀「像是翻閱教科書尋找考試答案的閱讀法」，是不是會更容易理解呢？

也就是，正確理解文章，將寫在書上的內容原封不動地記在腦海中。這也許是最常見的閱讀方法。

閱讀的目的就是了解內文的意思。可以說，這是完全不管作者書寫時的情感，只提取事實的閱讀法。

直線式地讀完全書，從第一頁到最後一頁的最後一行，沒有跳過或漏讀的內容。透過文字了解這本書想傳達什麼、又做了什麼。

準確地理解作者透過這本書，藉由什麼樣的說明傳達了什麼樣的想法。這是學校教育培養的閱讀法，也是最多人使用的閱讀法。

我將之列入「享受閱讀的4個視角」，但我並不推薦這種閱讀法。

③以「讀者」的角度來閱讀

「讀者」的角度……用為了自己的角度來閱讀。

從自己作為讀者的角度來閱讀。不試圖解讀作者想要傳達的內容，而是用自己的主觀角度來閱讀。

- **「有什麼是可以用在明天的工作上的嗎？」**
- **「有什麼可以當作明天早會分享的話題嗎？」**
- **「有什麼可以當作發信的內容嗎？」**

像這樣，依照自己的目的閱讀。

當然，也沒有必要逐字逐句讀完整本書。

不必從頭開始，也不需要讀到最後。

只要能夠從目錄解讀出需要的部分即可，跳過其他部分也沒關係。

無論是速讀還是跳著讀都沒問題。

或者直接相信書裡的內容，將其分享給他人，或是拿來當作與朋友討論的話題。

配合自己的目的閱讀，這就是以「讀者」的角度閱讀。

④以「他人」的角度來閱讀

「他人」的角度……以他人的感想為基礎來閱讀。

現今這個時代，任何人都能將書評，或是將書籍內容整理成摘要或讀後心得上傳到網路。只要將書名輸入到搜尋系統，就能夠看到他人的感想。

此外，亞馬遜的評論區有非常多可以參考的感想，如果要看書摘，可以到flier、TOPPOINT或書評網站。

也有愈來愈多人會將圖解上傳到Twitter（現為X）和Instagram上。

如先前所述，即使是同1本書，從作者角度、作品角度、讀者角度等不同角度來閱讀，感想也會有所差異。

同樣地，事前輸入「他人」的角度，閱讀方法會發生很大的變化，因為帶有先入為主的觀念，能夠閱讀到與印象完全不同的內容。

如果是閱讀過的書籍，也可以透過了解他人的感想，來確認自己的解讀是否正確。

1本約10萬字的書籍，不習慣閱讀的人可能會感到吃力，無法理解整體的感受。

各位是否有過因為「不知道這本書最後到底想傳達什麼？」而迷失方向，無法享受閱讀樂趣的經驗呢？遇到這種情況時，只要擁有「他人」的角度，就不會失去目標。

對於閱讀初學者來說，最友善的選擇是他人的視角。

創造應用能力的是「讀者」角度的閱讀

以上詳細地介紹了「4個視角」的閱讀方法，其中在我進行的「1%閱讀術」，尤其推薦使用讀者視角。

因為對社會人士來說，最有幫助的是「知識的應用能力」。

背誦1本書全部的知識，了解作者的看法，並向周圍說「這本書寫有這樣的意見」，對人生不會有多大的幫助。

與其這樣，不如學習實用、當下需要的知識，才能有助於成長。

假設你是一位業務，盡可能地了解「讓他人心動並購買商品的方法」，以及掌握「說什麼樣的話，能夠得到什麼反應」的訣竅，才能夠得到好業績。

換個角度享受閱讀。想要直接連接結果時，就從讀者的角度閱讀後，運用這些知識。

我認為這是最有幫助、最有樂趣的閱讀法。

如何應用在自己身上，重點在於讀者的角度

從讀者的角度進行閱讀時，希望大家留意閱讀時的觀點。

羽田康祐在著作《商業書10倍高效閱讀法》（商業周刊）中寫道：

「無論是否閱讀商業書，要輕鬆輸出所學的知識，必須要具備以下2個觀點。

・所學知識的『有用程度』

・所學知識『應用範圍廣泛程度』。」

從讀者的角度閱讀，這2個觀點是不可或缺的基本要素。

有用的程度會因讀者而異。例如，對行銷來說，行銷學的制度和顧客的心理資訊對其會有幫助；若是作家，則是文章表現的選項和詳細技巧比較有幫助。

不過，「應用範圍廣泛程度」的標準會隨著想法而改變。

因為，即便是具體的方法，根據你能將其變得多抽象，以及是否能夠融入自己的大腦中，應用的範圍會有所不同。首先，我想向大家介紹英國牛津大學進行的研究。

接下來的文章請以讀者的角度來閱讀。

這裡是一間正在進行某個實驗的大學教室。

研究人員表示：「請假設你自己是傑瑞這個嬰兒的父母。」

傑瑞是早產兒，有腦出血症狀，在新生兒加護病房裡接著呼吸器。醫生說有2個選擇。

① 繼續治療

② 停止治療

當然，如果停止治療，傑瑞就會去世。然而，即便是選擇繼續治療，死亡的可能性也很高，假設成功活下來，大腦也會留下創傷。

此實驗將參與實驗的人分為A組和B組，並檢測參與者的痛苦程度。

A　自行決定組

B　醫師決定組

根據研究結果顯示，A「自行決定組」的痛苦程度更大。但另一方面，參與者不願意像B組一樣放棄決定權。

許多人在看到這項研究後，會試圖直接掌握事實，例如「決定時會相當痛苦」、「不想放棄決定權」。

不過，以讀者角度來閱讀時，經常會考慮到應用的問題。

假設你是業務，請抽象地理解以下的內容，並以自己的方式來詮釋。

①　提出選項，交給他人決定

②　我的想法對推對方一把很有效，但擅自決定可能會引起反彈

③　下次洽談時，準備A和B2個選項，詢問對方「哪一個比較理想」

最好是像③一樣，能夠將書裡學到的內容落實在行動上。

如此，便可以將眼前看到的研究和知識轉化為「對現實生活有直接性幫助的想法」。

不是從頭理解到尾，或是對作者的想法融會貫通，而是將閱讀時間轉變為是充實自己的時間。透過讀者的角度來閱讀，無論是哪種領域的書籍都能帶來實質性的結果。

再加上，放棄學生時代建立的學習方法，並為自己閱讀。在沒有強迫的情況下，自由地閱讀，從而獲得結果，當然就會想再多讀一點書，如此就完成了正向循環。

只要改變視角，學習的樂趣和強度就會完全改變。

隨心所欲地閱讀有助於學習

換個角度，最佳閱讀法也會改變。

學生時代讀課本時，通常都建議從頭到尾融會貫通，正確解讀和記憶。從讀者的角度來閱讀，最大前提是完全為了自己而學習。

①尋找對自己有用的知識

②尋找可以用在現實生活（能夠應用）的知識

③蒐集一些有趣的小知識

首先請記住這3點，如此一來，閱讀的方法就會發生很大的變化。

- **不用從頭開始讀**
- **不用讀完整本書**
- **可以跳著讀**
- **不用原封不動地接受事實**
- **可以質疑書籍的內容**
- **只要能夠找到自己想要的答案即可**
- **短時間閱讀即可**
- **速讀是好事，不是壞事**

看到這裡，各位印象中的閱讀價值觀是否也改變了呢？

可以更自由、更隨心所欲地閱讀。

不需要記標題，也不用記住具體的內容。

尋找有用、可以應用的內容，將其活用到日常生活中，如此便能夠以自己的方式來閱讀。

讀者視角是最適合現代人的閱讀法

學生時代閱讀課本的方式，不再適合現今使用智慧型手機、電腦等電子產品的現代人。準確來說，應該是「已經改變了」。

擔任洛杉磯加利福尼亞大學（UCLA）研究所中心主任的瑪麗安娜・沃爾夫（Maryanne Wolf），在其著作《回家吧！迷失在數位閱讀裡的你：認知神經學家寫給螢幕時代讀者的九封信》（商周出版）中收錄了以下這句話。

「在數位閱讀中，眼睛移動時經常呈現F字或之字形。為了掌握上下文，會快速地在文章中找出關鍵字（通常會位於螢幕的左側）後，直接滑到結論。只要在結論合理的情況下，才會回到正文，找出能夠支持論點的細節。」

因為從小時候就開始使用電子產品，我們經常處於訊息氾濫的狀態。可以說，除了YouTube等社群媒體，我們還得從電視新聞頻道、網路報導、書籍等龐大的情報中進行「挑選」。

當然，必須要具備用於「搜尋」的閱讀法。逐字逐句慢慢閱讀確實也有其優點，但我認為必須配合時代改變閱讀的方式。訊息量大，時間卻不足。在這種情況下，與其勉強自己逐字逐句地解讀作者或作品的想法，不如從讀者的角度閱讀，找到「對自己有幫助的知識」，仔細思考支持這些知識的理由，「為什麼會得到這個結論」，並加以運用。

這樣才是有助於成長，能夠得到成效的閱讀。

每年閱讀超過100本書籍，「獲取知識的碎片」有其意義——減少不知，提高搜尋能力。隨著「知道」的事情增加，可以創造出產生好奇心的循環。竭盡所能地精讀1本書，具有「轉換為可用知識」意義；在大腦中建立一個架構，讓意識陷入書本中。2種都正確且有意義，務必配合目的選擇書籍。

這10年來，每每閱讀到精采的句子時，都會被書籍的樂趣所震撼，例如「只有他人在場時才會察覺何謂孤獨，這是一種奢侈的感覺」、「學習的意義在於減少無法預測的情況，並提高自身的預測能力」、「失敗並不可怕，只是尋求在最短時間內獲取成果的過程」。閱讀是世界上最有意義的浪費。

自從察覺所謂的常識是「後天產生的偏見」後，我便會注意「按照自己的標準而非常識而活」。為了在做重要判斷時不出錯，我會閱讀書本、不帶評價的傾聽、接觸不同的文化以更新自己的標準。我相當重視這點，畢竟現在會遇到許多沒有正確答案的問題。

有位經營者前輩相當擅於運用比喻並能輕鬆回答任何問題。我詢問過「為什麼你總是能夠毫不遲疑地回答問題呢？」，他回答我「因為這些都是我事先已經想好的內容」。或許，社會上被認為「了不起」的人，大部分都不是頭腦反應速度快速，而是已經思考、解決大量問題。果然思考是件很重要的事情。

第 2 章

閱讀超過100本的閱讀法所領悟出的「閱讀效率最大化的7個祕訣」

閱讀100本以上的閱讀法書籍後學到的事情

目前為止，我已經介紹了閱讀的好處和使閱讀方式完全改變的閱讀視角。

我認為各位已經理解閱讀有其獨有的優點和意義。接下來，我將要說明我在閱讀時發現的事情，以及正在實踐的閱讀法。

至今，我已經大量閱讀100本以上關於閱讀法的書籍、接觸到許多不同的閱讀法和閱讀技巧。例如，運用心智圖的閱讀、結構筆記閱讀法、廣泛閱讀或大量閱讀、利用右腦的速讀和略讀、符合規則的閱讀法，以及幫助思考的閱讀。

說來難以啟齒，其實我是非常怕麻煩的人。

我相當喜愛閱讀，但超級討厭寫筆記。

在將內容整理成心智圖時，我必須一手拿著智慧型手機或電腦，但只要增加一項要做的工作，就會感到壓力很大。

我不想增加閱讀方面的工作，只想沉浸於書中的世界、像是吞噬書一般地閱讀。

因為這樣的個性，所以在閱讀、了解100本多本各種閱讀法後，從中揀選「不需要做任何準備，只要汲取知識並實踐」的祕訣。例如，提高記憶效率、注意到閱讀時做什麼比較好、簡單輸出知識的結構。

在第2章中，我將會介紹7種，「即便是怕麻煩的人，也能夠大幅提高輸出效率」的高效閱讀法。

①　設定目的

②　閱讀順序中藏有祕訣

③　將80：20的法則活用在閱讀上

④　立竿見影的方法

⑤　降低閱讀難度的3個記憶法

⑥　提高專注力、激發幹勁的魔法

⑦　我的「每天推薦1本書時」速讀法

效率化 1

設定目的

書本要用先入之見來閱讀

各位可能會想說「怎麼這麼突然？」，不過只要明白這一點，就會立刻了解閱讀對生活的幫助、有趣的地方。

以下舉個例子來說明。

範例文：24年前的今天，母親因事故去世。4歲的我對母親沒有任何記憶，因此從未去過她的墓。直到21歲時女兒誕生，腦中倏然浮現母親的身影，從此開始會去墓地報告近況，「女兒會走路了」、「兒子出生了」、「我創業了」等等。24年後的今天，我在她的墓碑前表示「我實現願望出書了！」，希望她會為我開心。

範例文是我上傳到Twitter（現為X）的140字生活小故事。

如果不帶任何想法直接閱讀，會理解成這是「兒子在母親忌日報告夢想」的小故事。

然而，對於那些往前翻看我過去貼文的人來說，看完這則貼文後，腦中會浮現一個情景「這個人對書本情有獨鍾，但中學畢業的學歷成了絆腳石，導致他無法找到喜歡工作。在努力之下，他終於從事與書本有關的工作，並到母親的墓碑前報告這件喜事。」

先入之見，會使人從文章中看到更多資訊。

同樣地，假設有一篇文章寫著「業務經驗是人生中最有幫助的事情」，在無意中翻開書籍看到這句話，心裡不會有任何波瀾。

不過，如果知道這是透過業務工作改變一生的人寫的文章，可能會因為這一句話受到彷彿雷擊般的衝擊。

熟悉的人或是追蹤的人寫的書之所以會讓人覺得有趣到不行，就是因為對這個人也經有了先入為主的認識。

而且，抱持先入之見閱讀，可以刺激情感，使之在腦海中留下強烈的印象。

不過，要了解作者的背景了解到可以有先入為主的概念，並不是件簡單的事。

這就是為什麼要設定目的。

先入之見不僅僅由作者的經歷或喜好等「外在」所構成。

決定閱讀文章的目的，可以從「內部」設定先入之見，例如「我想要獲得××知識」。

範例文：24年前的今天，母親因事故去世。4歲的我對母親沒有任何記憶，因此從未去過她的墓。直到21歲時女兒誕生，腦中倏然浮現母親的身影，從此開始會去墓地報告近況，「女兒會走路了」、「兒子出生了」、「我創業了」等等。24年後的今天，我在她的墓碑前表示「我實現願望出書了！」，希望她會為我開心。

如果閱讀的目的是「為了寫小說，想要知道一些感人小故事」，這篇範例文，會成為引人注目的文章。

「業務經驗是人生中最有幫助的事情」也是相同的道理。

・想知道要發什麼文宣，才能在社群媒體造成衝擊

・想掌握能在早會侃侃而談的知識

像這樣設定目的，就會瞬間搖身一變成為吸引人的句子。

決定目的，可以在自己的內心留下先入之見。藉此明確區分，重要與不重要的部分。

・尋找明天可以用的知識

・尋找能在社群媒體留言的知識

・尋找早會用的話題

沒有具體的目的也沒關係。但是，帶著目的閱讀，能夠確保不會錯過並記住重要的部分，同時也可以忽略對此時此刻來說無關緊要的內容，閱讀的速度還會大幅加快。再加上，因為能夠順利吸收，進而減少「都沒什麼有用內容」的感受、要看不看的時間。

無論是要愉快地閱讀，還是將閱讀的時間轉變成對自己有益的時間，設定目的都是很重要的步驟。此動作會將被動閱讀轉化為主動閱讀，並且即使是平淡無奇的文章，也會因為「先入為主」的效果而變得有趣。

這是一種讓閱讀變得簡單、有趣，且立即見效的辦法。

効率化 2

閱讀順序中藏有祕訣

簡單解決閱讀時迷失方向的方法

在「①設定目的」中，說明帶有先入之見，會改變對文章的印象。這裡要介紹的是，如何在開始閱讀之後加入先入之見，以避免在閱讀時迷失方向。

閱讀的過程中，有許多人都有過如以下失去目標的經驗。

「咦？我在這本書學到了什麼？」

「這本書是在說什麼？」

發生這種情況並不奇怪。如果花費1週讀完1本書，第1天的記憶會變得模糊，所以當然會忘記這本書是在說什麼。

我有過很多次經驗，每次都想說「乾脆不要看這本書了……」進而放棄看完手上的書。

其實解決方法很簡單，只要改變閱讀順序，了解整本書的全貌即可。

我推薦的閱讀順序為「①前言 → ②後記 → ③目錄 → ④按照喜好閱讀正文」。

「前言」概述了1本書想要介紹的內容。

各位可以透過本書的前言來確認。我在前言中介紹了各章節的重點，並說明我想透過這本書傳達的目的。

有許多書籍的「前言」也同樣寫有章節介紹和作者想傳達的內容，前言就像是1本書的指南針般。

「後記」則是對全書進行總結，明確寫出這本書的目標，可以藉此進一步加深對整本書的理解。

在理解1本書的整體方向後，腦海中就會浮現章節，使人不會迷失方向。

因此，閱讀「目錄」可以預測正文的架構，從而在閱讀過程中不會模糊焦點。

若是在閱讀1本書時，腦中有一張地圖，就能夠順利地抵達目的地，例如「這本書是在說明閱讀法」、「現在讀的部分是具體執行的方法」。

人類的大腦本來就設計成避免消耗多餘的能量。

所以在看不到、無法預測未來的情況下接觸情報，大腦無法啟動判斷功能，分辨重要與不重要。

因此，要改變閱讀順序，掌握整體的內容，接著大腦會針對掌握的內容，自行補充不足的細節。

大腦具有一項特性，會補足缺乏的知識並告訴我們優先順序。例如，「這個部分很重要，是不知道的重點」。

因此，請嘗試改變閱讀的順序，提前掌握整本書的概要。

好幾天沒有閱讀時

「①前言　↓　②後記　↓　③目錄　↓　④按照喜好閱讀正文」

即使已經提前完成①、②、③步驟，但有時也會因為工作繁忙等無法抽空閱讀的情況。如果空白期高達好幾週，就會失去先前掌握的書籍全貌。

在這種情況下，我想推薦的是「亞馬遜的書籍介紹」。

書籍介紹是由精讀完整本書的編輯、熟知內容的寫手或是作者本人撰寫的。明確寫出了書籍的目的，非常適合找回失去的記憶。

也推薦給照著「①前言　↓　②後記　↓　③目錄」的順序閱讀後，依然無法把握全書概要的人。請在疑惑「這本書是在說什麼？」時善用這個工具。

効率化

3

將80：20的法則活用在閱讀上

活用帕雷托法則

「整體數值的8成結果是，由構成整體的2成要素產生的。」

這是義大利經濟學者維爾弗雷多・帕雷托（Vilfredo Pareto）發現的法則。內容有點難以理解，以下舉例來說明。

- **銷售額的8成由2成的熟客貢獻**
- **工作成果的8成來自於花費時間的2成**
- **受傷原因的8成，集中於身體的2成部分**

又名「80：20法則」，與許多現象吻合，當然也可以應用於閱讀。

也許曾經閱讀過閱讀法相關書籍的人中，也有部分人認為「1本書是由20％重要部分與80％不太重要的部分所構成」。

不過，我對這個想法抱持著質疑的態度。就我這次寫書的經驗，我並沒有準備80％不太重要的部分。

若是要我用帕雷托法則來描述書籍，我認為的正確答案是「1本書是由20％主張內容與80％補充內容所構成」。

這本書也是如此構成的，在閱讀本書時，抱持著「20％的主張，80％的補充」，能夠更理解內文。

所以說，理解「20％的主張，80％的補充」能夠帶來什麼呢？

就如同我在「②閱讀順序中藏有祕訣」中介紹的，人在閱讀的過程中經常迷失方向。

1本書的平均字數為10萬字，不可能全部記住。因此才需要藉由改變閱讀順序掌握整體的全貌，避免失去方向。

不過，這只是為了理解書的概要而已。

若每個章節都不長倒也無妨，但如果章節內容很長，有可能在章節中失去目標。

在找到「20％的主張在哪裡」後，就算直接從中間開始閱讀，也能夠理解這本書想傳達的內容。

在沒有考慮到這點的情況下，從80％的補充部分（理由和例子）開始閱讀，當然就無法知道這本書究竟在說些什麼。

只要多注意帕雷托法則，就能夠帶著良好的先入之見來閱讀。

這裡有一個必須注意的事項。

當提到「20％的主張，80％的補充」時，或許有些人會說「重要的不過是那2成，只要閱讀重要的2成即可」，但這個想法完全不正確。

舉例來說，只閱讀2成的內容，就代表只看以下的部分。

- **比腕力只要鍛鍊手臂肌肉就會變強。**
- **拳擊手要打刺拳時，要縮緊腋下。**
- **打棒球要揮棒時，最好不要移動頭部。**

希望大家思考一下，讀者能夠用這2成知識做到什麼？

以比腕力來說，鍛鍊手臂確實會增加力量。然而，若是不了解肌肉要用哪個角度、要在哪個瞬間使用，就無法付諸實行，也就不用指望會變強。

也就是說，只是獲取知識的人與了解「為什麼這個知識很重要」的人，這兩者所得到的結果有如天壤之別。

帕雷托法則是幫助人們在閱讀書籍的過程中不會迷失方向，絕對不是在說「只要閱讀重要的20％，就能理解其他80％」。

而且，本來從書籍中可以學到的知識上限就不是100％，而是取決於讀者。

知識是用來活用的，文字是為了拓展思考的範疇。

將帕雷托法則活用於閱讀，是為了不浪費在有限的時間學習到的知識，而不是用來決定學習的上限。

效率化
4

立竿見影的方法

利用手指避免3個浪費

「看書時用手指指著字看起來一點都不帥」——是否有過這樣的想法呢？

順帶一提，我以前確實會覺得「不帥」。

跟各位說個祕密，我接觸書本的契機就是覺得「看書的人看起來很帥氣」，真是既孩子氣又令人害臊的原因。

也許是還留有當時的回憶，我曾經認為「用手指指著文字文字閱讀，是不熟悉文字的人在做的事，經常閱讀的人才不會做這種事」。

然而，正因為我每年閱讀超過700本書，可以果斷地說，事實完全相反。

手指指著文字閱讀的行為非常合理，對經常閱讀的人說，是非常帥氣的閱讀方式。

方法相當簡單，不必特別解釋。

「閱讀時以手指為嚮導，將視線集中到文字上」

光是這一點，就能更輕鬆理解內文。

人的眼睛本來就會注意到移動的物體。

例如，想專心看電視時，如果孩子在面前走來走去，大部分的人都會覺得「煩」是因為人的眼睛會注意移動的物體。不過，善用手指，就能自己控制注意的對象。配合文字移動手指，視線會集中在手指上，如此便能更輕鬆地閱讀文字。

日本東北大學電氣通信研究所的鹽入諭教授發表的研究也顯示，把物品放在手邊，人的注意力就會轉向物品。

從科學上也證明了這個閱讀法的優點。

附帶的效果是，試著附諸實行後，閱讀速度甚至會提高到「2倍左右」。

可以說，這是任何人都可以馬上做到，並取得顯著效果的閱讀法。

為什麼只是動動手指，效果卻那麼好呢？

我認為祕密在於減少3個浪費。

①減少不必要的重複閱讀

②不會找不到正在閱讀的部分

③預防注意力分散

使用手指指著閱讀的文字，能夠讓視線轉向指尖。

有時因為疲勞等因素導致注意力無法集中，看著看著就找不到閱讀到哪。

這種時候就愈要善用手指，只要利用手指就能控制自己的注意力。

也可以說，比較不會出現無謂的重複閱讀情況。

當然，不是用手指也沒問題，**市面上有許多尺寸剛好是一個文字大小的紙書籤，建議可以利用紙書籤按行閱讀。使用書籤時，請像是隱藏讀完的部分一樣往下閱讀。**

我保證，如此一來，閱讀將會輕鬆許多。

將書本立在眼前閱讀

還有一個方法想請各位嘗試看看。

請將書本放在與視線同高的地方閱讀。

閱讀時，有許多人會像看課本一樣，將書攤開在桌子上，也有人會將書本放在低於自身視線的地方。

這些情況下，可能會為了看清文字而向前彎腰，成為形成疲勞的根源。長時間保持身體前彎的姿勢，體內氧氣的流動會減緩，再加上眼睛會變得過度緊張，導致閱讀消耗過多體力。疲勞是使注意力分散，妨礙閱讀的一大敵人。要長時間閱讀時，請務必使用閱讀支架。如果是用手臂將書本舉到與視線齊平的地方，長時間下來會累積疲勞。也沒辦法同時用手指著文字閱讀。

使用閱讀支架，專注的時間可以比平時更長，而且緊張感會得到緩解，閱讀速度也會稍微快一點。

效率化 5

降低閱讀難度的3個記憶法

都已經讀了就要記下來

我非常討厭學習，而且還極度怕麻煩。

正如我在第1章中提到關於「是否有價值」（P27），我就是那種「要做有意義的事情時必須下定決心，不然總是懶得動」的類型。

不制定計畫或是對策，每天就會一直進行沒有意義的活動，例如玩遊戲、看YouTube。

雖說並非自願，我其實擁有「以人為鏡」的特質。

到目前為止，已經說明過「光是閱讀就有意義，也會獲得好處」。

不過，在閱讀商業書時，各位的心裡應該會想「哪怕一點點也想要記住內容」、「想增加閱讀的意義」。

因而閱讀與閱讀法有關的書籍後，會看到以下的內容：

- **繪製心智圖**
- **善用架構來閱讀**
- **在紙上彙整後閱讀**

誠如所言，是將內容記在腦海中的好方法。這些方法我也都試過，效果確實驚人。

然而，像我這種超級怕麻煩的人，一旦閱讀變成必須積極行動的事，難度就會瞬間提高。進而覺得閱讀很無聊、好麻煩，無法持之以恆。

先前已經提過很多次，我想要透過這本書告訴各位，閱讀其實是比想像中更加輕鬆、愉快的事情。因此，我要在這裡告訴大家「能夠記在腦海中，但完全不麻煩的方法」。也就是說，即便是像我這種怕麻煩的人，也能做到的方法。

不需要做任何準備，只要1本書就能做到，是最簡單、最沒有負擔的方法。

這就是我接下來要介紹的3種閱讀法：「小憩片刻」、「替換說法」、「回憶」。

小憩片刻

對於怕麻煩的我來說，最滿意的記憶法是「小憩片刻（wakeful rest）」。

「小憩片刻」是指，在閱讀的過程中，刻意製造出休息的時間。從他人的角度來看，就只是在偷懶。

不過，目前已經得知，每個小時休息4到10分鐘，記憶留存率大約會提高10%。

在讀心師DaiGo的著作中《知識を操る超読書術》（かんき出版）針對「小憩片刻」的介紹如下。

「連續閱讀或學習數小時，會讓人覺得自己很了不起。但覺得靠毅力就能達到一切的想法其實並不正確。（中略）大腦需要休息，如果在閱讀和學習的過程中沒有準備『什麼都不用做的時間』，就無法讓內容留存在記憶中。」

沒有抽出時間讓大腦休息的人，雖然看起來很認真地在學習，但事實上，從「留存記憶」

來看，這是效果非常低的行為。

在閱讀書籍的過程中，每間隔一段時間就閉眼休息，單純做到這點，就能提高記憶效率。

替換說法

閱讀後或休息時，希望各位記得「小憩片刻」。相對的，閱讀時需要注意的技巧是「替換說法」。

方法很簡單：「《1％閱讀術》的第1章主要是在說閱讀的好處和視角。」像這樣嘗試替換說法。

從更詳細的角度來說，每章都能自己總結出一句話，例如「簡而言之，閱讀時花10分鐘發呆，記憶力會提高。」

有一種閱讀法是將重要的、想記住的內容整理成筆記，其本質就是「用自己的話來闡述」。

既然其本質是「用自己的話來闡述」，那麼就算不做筆記也沒問題。

此外，在腦內實行，還有助於防止遇到「寫筆記的缺點」。

「寫筆記的缺點」是指「很容易將書中作者說的話，原封不動地抄下來」。如果直接將作者的話寫下來，大腦只會對抄寫這一動作產生成就感，無助於提高記憶效率。

總之，要想提高記憶效率，關鍵在於轉換成「自己的話」。

能做到這一點，即便扔掉筆記本，記憶效率也會大幅提高。

對於怕麻煩的人來說，試著將書中的話轉換成自己的說法，就能產生效果。

魔法般的回憶學習

為什麼實行上述介紹的「小憩片刻」和「替換說法」，記憶效率就會大幅提高？

只要了解大腦的構造，就能夠理解這點。

記憶分為2種，分別是「短期記憶」和「長期記憶」。

短期記憶是指，大腦短期儲存記憶的能力，也就是暫時保存情報。

例如，在記手機號碼時，在大腦中複述「×××－×××－×××」這行數字，可以暫時記下來，但隔天卻完全想不起來。

因為短期記憶就好比將物品暫時放在大腦的桌上一樣。

短期記憶的結構是，將其他訊息放在桌上後，不久就會放著不管，或是從桌上移開後便會遺忘。

相反地，長期記憶是指長期將情報儲存在記憶中。

各位是否有過這樣的經驗？小學時，在大腦中反覆背誦朋友或家裡的電話號碼。

因為「用過好幾次，先收起來」，把放置在桌上的物品收進抽屜，呈現隨時可以拿出來的狀態，這就是長期記憶。

基本上，閱讀獲得的知識一開始會先成為短期記憶。如果從此無所作為，當然就不會轉換成長期記憶。

順帶一提，像是100%逐字逐句抄寫般地閱讀，這種閱讀法的弊病是無法成為長期記憶。要怎麼做，才能讓知識更容易保留在長期記憶中呢？

最簡單的方法是想著「這個訊息絕對有幫助」，提高訊息的重要性，不斷地回想，就好比「將經常使用的物品放在方便拿取的抽屜中」一樣。

有助於提高訊息重要性的方法是「回想」。

回想是指在大腦中回憶。當然，回憶並不需要記事本和智慧型手機，只需要一副身體和一本書就可以做到。

在閱讀時使用以上說明的「小憩片刻」、「替換說法」、「回憶」，流程會如以下。

①打開書本閱讀的過程中，一邊「簡單來說……」地替換成自己的說法（替換說法）。

②每隔一段時間（我是20分鐘左右）閉眼休息4到10分鐘（小憩片刻）。

③閉眼休息時，回想「替換成自己說法的內容」。

讓我們感受一下實踐時的感覺。

・歸納閱讀

「簡單來說，這篇介紹的是不用筆記就能記憶的閱讀法。」

・小憩片刻＋回想

「我記得是……替換成自己的說法來閱讀，每隔一段時間就要停下來休息、回想。」

「小憩片刻要進行幾分鐘？」

↓這裡只重新閱讀想不起來的部分

請務必在這裡實際進行一次。

在重複上述步驟的過程中「現在替換的說法」與「過去替換的說法」會相互連接。

這個情況稱為分段化，通過反覆進行「閱讀的好處 ↓ 共鳴力提高 ↓ 情緒言語化」與「歸納」，記憶會堆積成金字塔的狀態。

只要回想最上方的記憶，就會自行想起下個階層的記憶。

此外，回想還具有察覺「缺少一塊拼圖」的優點。

例如，「這本書介紹的閱讀好處有，■掌握知識、■豐富想像力和共鳴力、■具有緩解壓力的效果、■提高詞彙能力、■打破頑固的想法……嗯……還有一個是什麼呢？」

順帶一提，這裡缺少的拼圖是「■閱讀速度提高」（P74）。閱讀速度提高，對生活有什麼好處呢？

在這一頁中，我說明了能夠確實提高工作成效的邏輯概念。

各位覺得如何呢？是不是想知道更多細節呢？

在心理學中，有一種現象叫做蔡格尼克記憶效應（Zeigarnik effect；又稱蔡加尼克效應），是指「未完成的事情會留下印象，並引起興趣的現象」。

舉例來說，與朋友聊天時，當對方表示：「話說回來，前幾天我遇到一件很在意的事情……啊！算了！當我沒說……」，你會有什麼感覺呢？

想必會想說，「好好奇到底是什麼事！快跟我講啊！」。

完全陷入對未說完的話題充滿興趣的狀態。

蔡格尼克記憶效應正是記憶在回想的過程中活化，轉變為強烈的興趣。

一次就可以回想起的知識，會作為「有用的知識」長期保存在記憶中。想不起來的知識，可以藉由「蔡格尼克記憶效應」讓人對之感到濃厚的興趣。

進而有助於「反覆回想」，並保存在長期記憶中。

替換說法、小憩片刻、回想。

只要注意到這3點，閱讀將會變成一件有意義的事情。

即使是怕麻煩的人也做得到，合理提高記憶的閱讀法，請務必嘗試。

提高專注力、激發幹勁的魔法

幹勁的真面目

無論採用多少訣竅來閱讀，只要注意力分散，就有可能是在浪費時間。工作也是如此。

相信各位都有過這樣的經驗：明明集中精神10分鐘就能做完的雜事，因為覺得「這個工作讓人好沒幹勁啊～」，拖拖拉拉地做完後，已經過了1～2個小時。

我原本就對「幹勁」這一概念抱持著懷疑的態度。

舉例來說，日本東京大學藥學部的池谷裕二教授表示「經常有人問我『欲望是什麼？』，我從大腦研究中得到的結論——即便在大腦中尋找欲望也找不到。所以，不是說「拿出幹勁」就會有幹勁。」（《BERD》二〇〇八No・13／ベネッセ総合研究所）。而我閱讀這篇文章時，產生了疑問「幹勁的真面目究竟是什麼……？」。

集中注意力就能化為幹勁

我的理解是「人其實本身就不具有幹勁，集中注意力的話就會產生幹勁，意志渙散就不會有幹勁」。

據腦科學的說法「人體不是『大腦先，身體後』而是『身體先，大腦後』」。

按照字面上的意思來思考的話，可以說「讓人沒幹勁」的想法，是從停滯的身體狀態產生出來的。

若是這樣，那有意識地將身體轉向書本或課本，大腦自然就會跟著思考。

這個道理也適用於「堅持5分鐘，就會有幹勁」這一論點。

堅持5分鐘，注意力會集中到接近投入的狀態，所以應該是之後才拿「幹勁」一詞來稱呼這個狀態。

也就是說，我認為有無幹勁是用來指「注意力集中」或是「分散」的狀態。

因此，世界上有無數關於「集中注意力的訣竅」，我嘗試了其中一部分。

最後，我能夠在想閱讀的時候控制自己的幹勁。

接下來，我將從森健次郎所著的《机に向かってすぐに集中する技術》（forest出版）一書中，擷取2個最簡單、效果最好的方法進行介紹。

開始閱讀時，前5個字平均1個字閱讀1秒

我嘗試了各種方法後認為，要想讓自己進入專注狀態，盯著一個點看的效果最為顯著。

盯著的那個點可以是痣或是標記，不管什麼方法都沒問題。

正在閱讀本書的讀者，當然是想知道要如何提高自己的閱讀能力。

在此情況下，我想請各位做的是「剛閱讀時的前5個字，每個字看1秒」。不要跳著讀，也不要快速看過，要一個字一個字仔細地讀進大腦中。

「好　喜　歡　閱　讀」請用這樣的節奏，1個字看1秒。

透過將視線集中在一點上，專注力就會達到相當集中的狀態。人的視線本來就會隨著注意力分散的程度，增加移動的頻率。**因此，從相反的方向思考後，得到「固定視線」有助於進入專注狀態的結果。**

這正是「身體先，大腦後」的模式。

只需要5秒鐘，就能切身體會到驚人的效果。不如現在立即嘗試吧！

閉上眼睛尋找3種聲音

以下再介紹一個不是使用視覺，而是名為「尋找3種聲音」的方法。

簡單說明一下進行步驟。

①坐在椅子上，閉上眼睛，放鬆。
②將注意力集中放在周圍的聲音。
③從中尋找3種聲音（人的聲音、空調的運轉聲、鳥鳴等）。
④睜開眼睛，開始閱讀。

只要依照這個流程執行即可。據說，人類五感的使用占比為，視覺83%、聽覺11%、嗅覺3.5%、觸覺1.5%、味覺1%。也就是說，視覺占了8成。切斷視覺，就能將注意力集中在聽覺上。透過尋找聲音，注意力就會進入集中狀態。

首先，使用這些方法進入專注的狀態，接著「幹勁」就會自動隨之而來，使時間效率明顯提高。務必體驗看看。

效率化 7

我的「每天推薦1本書」速讀法

速讀法要看怎麼用

美國電影導演伍迪・艾倫（Woody Allen）曾表示：

「我參加了速讀課程，能夠在20分鐘內讀完《戰爭與和平》一書。我認為這本書是在寫關於俄羅斯的事情。」

各位是否聽說過呢？這句話完全是在諷刺「速讀」這一行為。

大部分的人在聽到「速讀」一詞時，腦中會想像以作夢也想像不到的速度，快速讀完1本書，就如同過去以驚人的速度翻閱書本的電視廣告一樣。

當然，我在過去也是追求以作夢也想像不到的速度速讀的人之一。

我去上了各種速讀法講座，閱讀了許多講述閱讀法的書籍，學到了影像閱讀、右腦閱讀、

3行3行讀、用手指高速沿著文字閱讀。

「用這個方法可以1天讀5本書！」

聽到這句話後，我興奮地嘗試，結果……。

我認為確實有「稍微提高閱讀速度的效果」。

然而，我從未到達在書籍和講座中聽到的「1本書5到15分鐘看完」的境界。

很多時候，我的內心只抱持著與伍迪・艾倫「我認為這本書是在寫關於俄羅斯的事情」這句話相同程度的感想。

就算覺得自己讀完了，也只是單純看過文字而已，連大意都沒有掌握到。

這不是我所追求的「速讀法」。

這麼說來，難道那些數量眾多的「速讀法」完全都沒有用嗎？

我並不這麼認為。

我認為不存在「5到15分鐘就能讀懂1本書」這種像是魔法般的速讀法。

不過，部分速讀法根據使用的方法，可以發揮出顯著的效果。

在過去的一年，我每個平日都在語音平台Voicy上介紹1本書。

我透過語音平台推薦書籍，並向聽眾傳達1%的學習心得。

播放時間大概是10分鐘左右。

如先前所述，如果是「就算覺得自己讀完了，也只是單純看過文字而已，連大意都沒有掌握到」的狀態，連1分鐘的話都說不了。

必須每天「理解1本以上書籍的內容到可以輸出為止」。

最近，我在Twitter（現為X）和Voicy收到愈來愈多如以下的問題。

「要怎麼做才能讀這麼多本書？」

「要將1本書讀到可以輸出的程度，大概要花多長的時間？」

「你有在用什麼特別的方式閱讀嗎？」

我認為這些問題的共通點是「想要知道快速閱讀的方法」。

沒有如魔法般的閱讀方法。

不過，有方法可以每天輕鬆將讀完超過1本書，並將內容理解到能夠輸出的程度。

接下來，我將分解、說明，我正在採用，而且經過科學認證的方法。

關於閱讀的過程和閱讀速度的極限

如先前所說的，我學習了各種有關「速讀」的知識。最後的感想是「超越了人類的極限……」。

若是不要和閱讀混為一談，而是將速讀要素分解如下，看起來會更加清晰。

- **用眼睛辨別文字。**
- **在腦內轉換為聲音。**
- **將聲音轉化為言語理解。**

大略可以分為這3個部分。

過去我曾認為，一一提高這3個要素的準確度，閱讀的速度自然會加快。然而，經研究證實，其實這個因果關係並不正確。

美國加利福尼亞大學的基思・雷納（Keith Rayner）教授、伊麗莎白・肖特（Elizabeth Scott）教授等人所組成的研究團隊，在二〇一六年發表的論文中記錄了，針對速讀進行統合分析（整合多個研究結果，從更高的角度進行分析）的結果。

論文先從解釋「閱讀理解」的基本開始，例如眼睛的構造、辨識文字意思的方案等，同時驗證「速讀是否真的可行？」。

這篇論文應該說是「從認知科學、腦科學、心理學的角度來看速讀後的結論」，簡單來說，它澈底否定各種速讀法主張的「速讀根據」。在了解原理後，就能知道前進的方向，因此以下就來仔細地進行說明。

閱讀時的眼球運動

・文本的辨識範圍非常狹窄

人的視角在辨識文字時會變得極其狹窄。因為當我們試圖「看」一個由點和線組成的文字時，視線會集中在一點。

請在這裡試著辨識周圍的文字，如下頁圖表所示，從視線所在的一個字開始，周圍會逐漸變得模糊。

在識別文本時，視野會變得極其狹窄。當然，看到多少字因人而異。不過，研究顯示平均可辨識的範圍大概約為7～8個字。

換句話說，如果不縮到7～8個字的程度，就無法辨識由點、線構成的文本。

由此可知，下述速讀方案中所說的速讀法根本無法「辨識」文字，所以結論是這個方式不可行。

・像照片一樣掌握打開的左右2頁

・2行2行地閱讀

在知道看文本時視野會變得狹窄時，也有一些速讀方案認為「不如像高速撫摸文字一樣閱讀亦可」。

然而，研究顯示高速閱讀也是有極限的。人要辨識文字，視線必須靜止盯著0・25到0・3秒左右。

若是試圖將0・25到0・3秒趨近於0，就無法辨識文字，也無法處理眼前的字詞。這不是用眼睛辨識的問題，而是大腦處理作業的問題。

在第1章「理解文章的大腦」（P43）一

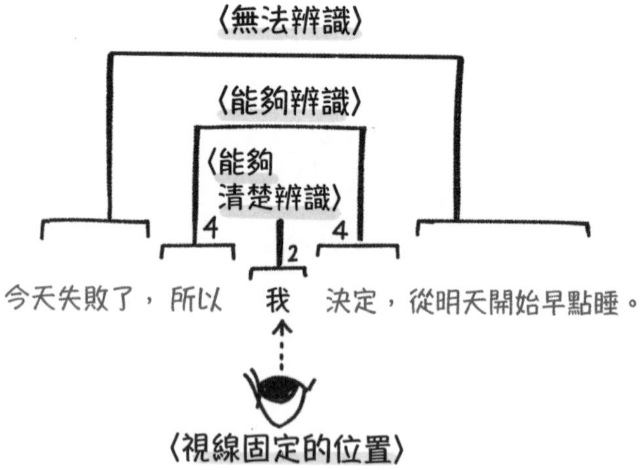

節，已經說明過大腦辨識文字的流程。

彙整如下。

①識別文字（看）。

②從視覺神經發送到大腦的視覺皮層。

③文字資訊在聽覺皮層轉換成聲音。

④記憶針對聲音搜尋文法要素。

⑤發送到言語中樞，形成文章。

換言之，為了執行①到⑤的流程，大腦需要0・25到0・3秒的待機時間。

如果省略待機時間，像掃過去一樣閱讀，根本就無法辨識、理解文章。

可以說，在理解文本的前提下，不可能加快視覺動作。

考慮到與眼睛（視線和待機時間）和文本相關的基本事實可得知，很遺憾地，大多數的速讀法都是「不可能」達成的任務。

試著計算自己精讀時的最快速度

精讀是指逐字逐句地閱讀並理解書本裡的內容。

・**辨識文本時，視野會極為狹窄（約7～8個字）。**

・**辨識文章需要冷卻時間（0・25～0・3秒）。**

考慮到這2點，就能計算出逐字逐句閱讀時的速度。

・視線固定的狀態下，辨識字數：7個字

・辨識文本的必要時間：0・25秒＝1秒

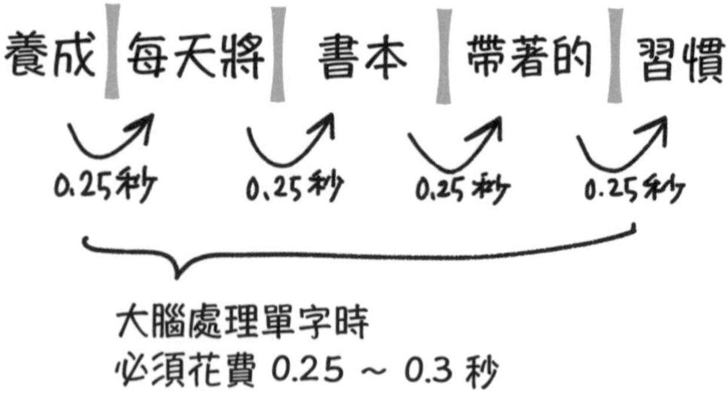
養成
每天將
書本
帶著的
習慣
0.25秒
0.25秒
0.25秒
0.25秒
大腦處理單字時
必須花費 0.25 ~ 0.3 秒

約4次

・換算成1分鐘，辨識文本次數約240次

・文字數（7字）×文本辨識次數（240次）＝1分鐘大約1680字

・基本上1本書的字數約為10萬字，總字數（10萬字）÷1分鐘閱讀字數（1680字）

＝59分鐘左右（1個小時）

換句話說，精讀的速度是每本約1小時，這是達到極限的最快時間。

※測量時間只是參考數值，大腦辨識日語時是以單字為單位，所以有許多情況下，都在7個字以下。因此，1個小時閱讀10萬字只能視為是推測的極限值。

這裡有人會提出疑問，「理想的速度（每分鐘1680字）」與自己現在的閱讀速度差異從何而來？以下簡單地說明一下。

理由有2個。

第1個，正如我在第1章「閱讀速度的真面目」（P78）所介紹的，閱讀速度的基礎由以下3個方面決定。

① **知識量**

② **詞彙量**

③ **閱讀理解能力**

一定會有閱讀速度無論如何都無法加快的書。由於知識量和詞彙量的差異，總會有一些必須花時間解讀的書籍。

反過來也可以說「讀得愈多就愈接近理想的速度」。因為「①知識量、②詞彙量和③閱讀理解能力」會隨著閱讀量而提高。

這就是養成閱讀的習慣、習慣了閱讀後，速度變快的原因。

另一個理由是，大腦功能下降。

大腦的認知功能很容易退化。正如我在第1章「多工處理的弊端」（P58）裡的解釋，同時進行多個工作，可能會導致集中力下降或出現憂鬱症狀。

此外，還有其他簡單就會使大能功能下降的因素。

英國東倫敦大學和西敏大學的聯合研究結果顯示，「比較喝了約0・5公升水的人與沒有喝那麼多水的人，前者的反應速度比後者快14％，有助於發揮認知功能」。簡單來說，光是喝水量就能改變一個人的表現。

除此之外，飲食方法、營養攝取、運動習慣、睡眠不足、慢性壓力等也會對大腦的功能產生很大的影響，並導致閱讀速度下降。

唯一推薦的速讀法

「無法每天保持絕佳的狀態……以至於閱讀量少，速度也不快……」，沒必要因此而感到洩氣。

有一個不管是誰都可以上手的速讀法——「略讀」。

這是每天閱讀好幾本書的人都會的技巧，也就是閱讀快速的人之間的共同點。

- **跳過細節**
- **挑重點讀**

・**只看必要的部分**

這些閱讀法的總稱就是「略讀」。

刻意地略讀，就可以快速判斷手上這本書是否該閱讀、是否有閱讀的價值。

此外，快速翻閱還能夠知道是否有自己想要的資訊，如果是已經知道的內容，只需要瀏覽一下即可跳過。

換言之，速讀是一種手段，用來辨別出要精讀的部分。

接下來要介紹一些，有效使用略讀技巧的方法。

速讀是人類與生俱來的能力

要抓住略讀的感覺，關鍵在於要有已經擁有略讀技巧的認知。

可能有人會說「我才不會什麼略讀」。

請各位放心，99%的現代人在日常生活都會使用略讀的能力。

例如，看菜單點餐的時候。

有人會從頭到尾看完翻閱型的菜單嗎？

有人在看1張A4大小的菜單時，會從上到下仔細閱讀嗎？

大部分的人不是跳著看，就是只看標題（菜單上的粗體字），大概掌握菜單的內容。

各位是如何看網路新聞的呢？

應該是看標題，點開新聞，大略閱讀吧？

Twitter（現為X）的河道也是一樣。

即使不看全部的文章，也會瞬間判斷出哪些是必須要看的貼文。

最近看報紙的人愈來愈少，但報紙的略讀要素卻更加強烈。

據說，平均每頁報紙的字數約為1萬2千6百字。假設一份早報有40頁，計算下來大概會高達50萬4千字左右。

相當於5本一般商業書的訊息量。

如果身邊有人每天早上讀5本書，一般不是懷疑他在說謊，要不就是對他產生相當於神明的敬意。

然而，只要理解略讀，就能夠接受有人能夠看完早報。即便不逐字逐句地看，也能夠讀懂文章。

正如我在第1章「讀者視角是最適合現代人的閱讀法」（P102）一節所介紹的，現代人習慣使用電子產品，比起為了閱讀而閱讀，他們更傾向於為了尋找答案而閱讀。

也就是說，接下來將從略讀中學到的是，是否能夠有意識地使用略讀這一技巧。

略讀的準備

要直接使用略讀技巧，就必須要做好準備和改變想法。

事實上，本書到目前為止已經介紹了進行略讀前的準備。

- **第1章：「享受閱讀的4個視角」的以「讀者」的角度來閱讀（P90）**
- **第2章：「設定目的」的目的的意義（P112）**
- **第2章：「閱讀順序中藏有祕訣」的之後再加入先入之見（P116）**
- **第2章：「將80：20的法則活用在閱讀上」的活用帕雷托法則（P120）**
- **第2章：「立竿見影的方法」的利用手指（P124）**

活用以上的概念，就能做到略讀。

接下來，就來詳細說明略讀的方法。

①在閱讀前先決定「目的」

若是對要設定什麼目的毫無頭緒，請試著將書籍更融入日常生活中。

・尋找可以發在Twitter（現為X）上的資訊
・尋找明天早會討論的話題

②灌輸先入之見

書籍的封面或書腰會寫著本書的重點。此外，還可以翻閱目錄、前言和後記，先灌輸自己先入之見，例如「這本書是在說〇〇〇」。

這時，若是還是沒辦法用一句話來概述這本書，請閱讀亞馬遜的書籍介紹。

做完①、②步驟後，就可以區分想要與不需要的訊息。

在這個階段，心理學上所說的「彩色浴效果」會開始發揮作用。彩色浴效果是指，一旦開始注意到某個特定的事情，即便是在日常生活中，目光也會自然而然地停留在特定事情上的現象。

例如，在考慮「買車」的時候。

假設你想要買一台TOYOTA的轎車，之後在路上就覺得TOYOTA的轎車經常出現在眼前，甚至會覺得「原來有這麼多人開TOYOTA的轎車」。

同樣的道理，散步前決定要在路上「尋找紅色的物體」，出門後，目光就會停留在停車標示、紅色的車子、紅色的帽子、滅火器等上面。

在閱讀的過程中，設定目的並灌輸先入之見，就會產生彩色浴效果。如此一來，會更容易看到自己想要的資訊。

舉例來說，在閱讀商業書時，將目的訂為「想要看到更多論證」。接著，光是大致翻閱，都會看到「在○○大學～」的文章。

即使是在看目錄的階段，也會根據自身的目的，得知「自己對這章感興趣」，並翻到那個頁面。如此就可以跳過不符合目的的部分。

③用手指指著文字高速閱讀

如果在目錄沒有找到感興趣的部分，就必須從第1頁開始翻閱。

在這時候用手指輔助，手指傾斜跟著文字往下。

這樣當符合目的的內容映入眼簾時，剎車器就會啟動，除此之外的部分則可以油門踩到底全部跳過。

在最短的時間內，只要完成①、②、③步驟，就能掌握書籍的大意，並判斷是否有自己需要的知識。

這就是唯一經由科學證實的速讀「略讀法」。

順利進行略讀的方法和須注意的要點

略讀的技巧只能用在讀者的視角。

假設是從作者的角度、作品的角度來閱讀，就必須一字一句地融會貫通，無法跳過不必要的部分。

讀者視角是為了自己閱讀的閱讀法。

可以說，正因為是為了自己而閱讀，才能夠做到跳著閱讀。

略讀的閱讀速度很快，但其實有一個很大的缺點：可以做到搜尋，不過無法做到理解。略讀可以說就是挑重點看，所以單純是快速閱讀文字而已。

先前提到的美國加利福尼亞大學研究者也明確表示「提高閱讀速度，內容理解度會下降，只會讓人感覺有讀過」。**也就是說，速度和理解度是權衡關係。若是為了理解而閱讀，採取略讀法是一種愚蠢的行為。**

略讀還有一個必須知道的缺點是，使用略讀的前提是要有相關的知識。

舉例來說，在約翰・瑞提（John Ratey）和艾瑞克・海格曼（Eric Hagerman）的共同著作《運動改造大腦：活化憂鬱腦、預防失智腦，IQ和EQ大進步的關鍵》（野人文化）中收錄了以下內容。

「為了生存，壓力會將重要的記憶刻在大腦中，但如果壓力太大，就會破壞將記憶刻在大

腦中的結構。其原因之一是皮質醇的增加。感到壓力時，皮質醇會提高海馬迴輸送的麩胺酸總量，並且會促進BDNF、血清素、IGF-I等流動、加強LTP。另一方面，同時活化一組基因，阻斷應該送到該記憶迴路的其他訊息。也就是說，為了留下一個重要的記憶，排除其他沒有那麼重要的記憶。」

書裡有大量專有名詞，例如，皮質醇、海馬迴、麩胺酸、BDNF等時，若沒有基礎知識，就無法理解。

如果跳著閱讀無法理解，要以最快的速度理解內容，還是要逐字逐句的閱讀。

速讀是一種武器、手段

「沒有如魔法般的速讀法」，各位是否覺得這個答案令人失望呢？

有一段時期，我曾認為只要能夠高速閱讀，自己就會成長得更快。

我身邊確實也有「5分鐘看1本書的人」。

如果真的5分鐘就能理解1本書，就代表那個人過去花了非常多時間閱讀上萬本、各個類型的書籍。

推薦我看書的一位經營者表示**「正因為大量閱讀，才能完成思考的架構和腦內基礎訊息數據庫。如此一來，就能瞬間處理獲得的訊息。當然也就可以快速閱讀。」**

只要有概念，任何人都可以使用略讀這項方便的技巧。此外，包括略讀在內，閱讀速度會隨著閱讀量的增加而提高。請當作一種「手段」來活用，藉此提高閱讀能力吧！

閱讀的過程中，覺得「想要記住這個內容！」時，請試著閉上眼睛想像「油性筆在腦中筆記」。這個方法毫無科學根據，但我持續做了3年後……驚訝地發現，那些內容我都沒有忘記！推薦想像時使用麥克筆，因為就算大腦擅自使用橡皮擦，可能也無法擦掉麥克筆的痕跡。

在閱讀之前，請記住一件事。比起「正確」，大腦更習慣記憶「有用」的資訊。大腦的構造是，相較很棒的知識，會認為更需要記住必要的知識。如果將這點應用在閱讀上，就能區分哪些是現在應該要讀、哪些是不用讀的書。直到找到現在想知道的知識為止，不斷地「闔上書本」也是閱讀的一環。

相信大家都聽過《龜兔賽跑》這個寓言故事，每個國家對這個故事的解釋都不一樣。日本認為「勤奮勝過天賦」；法國認為「要快點開始跑」；伊朗認為「比起競爭，友好相處更重要」。其中，最引人注目的我認為是印度人的想法：「如果兔子病倒該怎麼辦？比起勝利，健康更重要」。這就是價值觀的差異。

第3章

一年閱讀700本書×閱讀超過100本閱讀法書籍所得到的結晶「1%閱讀術」

就是想要快樂閱讀

我的閱讀方式是，比起增加從1本書中獲得的價值，更想愉快地閱讀1本書。

因此，我盡所能地設法省略討厭的事情，例如，如何在閱讀時不記筆記、如何消除「麻煩」、如何降低閱讀的難度。

這一堅持讓我走向的終點是：**閱讀之所以會讓人覺得麻煩，最主要的原因是義務感和完美主義。**

「看書就必須學習。」

「每1本書都必須從頭到尾完整地看完。」

因為義務感，不能享受閱讀。

因為追求完美，無法隨意翻開書本。

因此，我決定幫閱讀分配任務。

・優先考慮輸出和記憶效率，為了學習的閱讀。
・增加知識碎片、減少不知，享受閱讀。
・享受強化閱讀基礎地閱讀。

如果能夠做好任務分配，就沒有必要追求完美。

從所有的書籍中擺脫義務感，更容易為自己找到閱讀的藉口。

最重要的是，可以毫無負擔地享受閱讀。

在第3章中將會介紹，為閱讀分配任務，賦予具體意義的3個閱讀法。

①將學習化為結果的1％閱讀術
②減少不知，蒐集知識碎片的「1個書架閱讀1本書」
③可以快速閱讀不用跳著看的「速聽視覺確認閱讀」

請務必採用讓人能夠一直享受其中、覺得「閱讀好有趣」的閱讀法。

①將學習化為結果的1%閱讀術

到目前為止已經反覆強調了好幾次：光是閱讀就能獲得好處跟價值。但既然已經花時間閱讀了，當然會「想讓生活更好」。

我也是如此。即便很麻煩，也想要養成每天的習慣，一天一天地成長。

想要每年都能說「1年前的自己絕對無法相信1年後的自己會成長這麼多……。」

而有一個方法可以實踐這個想法。

像我也有持續了10年，每年都能切身感受到自己發生很大變化的習慣。

那就是「1%思考法和習慣」。

1%思考法

「1%」是世界上我最喜歡的魔法數字。

留意著1%生活的這10年，我得到了許多好處。

首先是，定量的好處。我曾思考過「1天的1%是多少」，經過計算，得到的結果如下。

- **1天＝24小時（1小時為60分鐘）＝1440分鐘。**
- **1440分鐘×0．01（1%）＝14．4分鐘（14分24秒）。**

將此結果界定為約15分鐘，也就是1天的1%約15分鐘。這本書的書名《1%閱讀術》中的「1%」包含著各種意義，但最主要的由來就在於這個1%。

至今，即使別人對自己說過「每天15分鐘的累積很重要」，也會用「15分鐘其實很長」來逃避數字。

然而，若是鼓勵自己「只要努力1%」，就能夠打起精神努力。

從不同視角看數字，就會改變對數字的印象。

當有人說「面積高達20公頃」時，腦中不會馬上理解，但如果是說「4個東京巨蛋那麼大」，腦中會立即浮出想像，印象也會改變。

同樣地，不是用15分鐘，而是用1％表達，想法就會變化，覺得「說不定可以努力一下」。

此外，1％這個數字更容易表現出每天堅持不懈的的涵義。

各位知道著名的1％努力故事嗎？

純文字計算顯示，持續1年每天努力1％（1．01），會促使成長速度加快：

1．01×1．01×1．01……（365回）＝約37倍。

養成習慣的關鍵是，如何鼓勵自己、放鬆心情，以及堅持不放棄。

每天只累積1％，1年後就能增長高達37倍！

這樣想起來是不是覺得很厲害？1年後的各位，會比現在成長37倍。抱持著這個想法，就能夠鼓勵自己「只要努力1％」。

只用1％學習的意義

在閱讀方面，還有一個必須記住的1％思考法：**只用1％學習的思考方式。**

在我介紹的1％閱讀術中，要珍惜「1％的相遇」。

閱讀時，大部分無法將知識融會貫通的人，想著要100％理解書籍內容，並使其100％對人生產生幫助。

100％思考法中，為了記住每一個字每一句話，必須要多次重複閱讀。而且也要對「閱讀以外」的事情下功夫，例如，寫筆記、分析結構、繪製心智圖。

相信各位裡也有人有過這樣的經驗，100％抄寫的閱讀方式，隨著時間的流逝，大多都會從記憶中消失。各位還記得學生時代100％抄寫的課本中寫了什麼嗎？

然而，哪怕只有1％，在閱讀中找到的價值，一輩子都不會忘記。

與其想100％完整學習1本書，不如每天重複100次1％的相遇，使其達到100％。如此才能不依靠作者的思考方式，成為專屬於自己的知識。

我認為，正是1％的累積，才能使書籍的價值超過100％。

思考方式改變，閱讀方式也會跟著出現變化。

所謂的1％閱讀術，就是1天的1％，一定會達到1％的成長，並成為未來的知識儲蓄。

「1%閱讀術」的具體方法

簡單所以持續了10年

1%閱讀術分為6個簡單的步驟。

閱讀時，請回想第2章介紹的「使閱讀效率提升到最高的7個方法」。

①確定目的

正如「設定目的」（P112）中的說明，首先要做的是，設定「為什麼要讀這本書」的目的。

- **尋找明天早會當作話題的知識**
- **尋找業務明天可以活用的知識**
- **尋找早起所需的知識**

・尋找發在社群媒體的知識

決定目的可以提高閱讀時間的充實程度。

②打開目錄進行預測

從目錄中找出可以達到目的的知識。

目錄就像是「1本書的地圖」，是作者或編輯為了讓讀者可以掌握整體內容而製作。想在1%的時間內累積1%的成長，就必須有所取捨。因此，正確使用目錄相當重要。

③略讀有興趣的章節

根據看目錄的猜測，略讀感興趣的部分。

關於略讀的方法，請參考第2章「唯一推薦的速讀法」（P155）。各位在步驟①時已經設定了目的，所以會產生出彩色浴效果，眼睛會自動在重點部分停留。

④閱讀所需的段落

略讀並精讀吸引人的部分。掌握作者的主張、理由和具體例子，直到完全理解為止。

⑤替換說法

閱讀完後，務必替換成「自己的說法」。

「總而言之，就是○○○」，用一句話來說明。如此一來，自己定義的說法就會成為鉤子，緊鉤在記憶中。

⑥回想並邊思考邊休息

最後，請閉上眼睛回想（在腦海中回憶）。

讓海馬迴知道這是重要的知識，將之劃分為長期記憶。接著，一邊思考「明天要如何活用這個知識」一邊休息。

辛苦了！以上6個步驟就是進行1％閱讀術的流程。

以1%的時間（15分鐘）做完這6個步驟。

不需事先做任何準備，無論是紙本書還是電子書，都可以簡單就開始！

這個方法可以輕鬆閱讀、易於持之以恆並轉化為結果。

這是將1%的習慣具體化，簡單到驚人的閱讀法。

之前已經說過多次，我非常討厭學習，而且還極度怕麻煩，但這個方法我持續做了10年。

不要多想，直接嘗試。一定會覺得「這樣我也做得到」，並得到成效！

1％閱讀術可以獲得結果的原因

在第2章中介紹的具體方法是平時就能活用的1％閱讀術。

光是跟著做就能感受到顯著的效果，但我覺得最重要的效果是，**「1％」的2個原因：時間和想法，這兩者裡隱藏著莫大的好處。**

15分鐘是魔法的單位

各種書籍都有提到，專注力是有極限的。

精神科醫生樺澤紫苑醫生也在著作《読んだら忘れない読書術》（サンマーク出版）中表示「能夠保持高度專注力的最小時間單位為『15分鐘』。也就是說，人類能夠維持高度專注力的極限是『15分鐘』」。

我實際嘗試了1%閱讀術的「15分鐘閱讀」與著名的番茄工作法「閱讀25分鐘，休息5分鐘」2種閱讀法。

很明顯，在15分鐘內，我的記憶效率、工作效率和動力都更為集中。（※當然還是會因人而異，建議各位親自嘗試看看）。

從記憶效率的角度來看，東京大學藥學系池谷裕二教授曾進行了一個著名的調查。

他將參與者分成2組，調查哪一組的記憶效率較高。

①「學習15分鐘×3（共45分鐘），中間適時地休息」組。

②「毫無間斷地學習60分鐘」組。

結果顯示，以長期記憶的角度來說，最好採用①「學習15分鐘×3（共45分鐘），中間適時地休息」的方法。總學習時間不僅比②「毫無間斷地學習60分鐘」組還要短，而且還能得到更好的效果。

科學也證實不是時間長就可以。藉由適度休息，只花3／4的時間也能取得相同的成果。

對於怕麻煩、想要偷懶的人來說，這是相當適合的方法。15分鐘可以說是將閱讀時間變得有意義的魔法時間。

初始效應與近因效應

在1％閱讀術的記憶效率中，有2個必須記住的關鍵字，**分別是認知心理學的「初始效應（Primacy Effect）」與「近因效應（Recency Effect）」。**

「初始效應」、「近因效應」簡單來說是「人對最初和最後的記憶最有印象」。舉例來說，現在列出「貓熊、獅子、兔子、猩猩、貓、長頸鹿、北極熊、企鵝、老虎、獵豹、無尾熊、狗……」等動物的名稱。

接著，空白一段時間後，許多人都能想起「貓熊、獅子、兔子」和「獵豹、無尾熊、狗」，但卻想不起中間的「貓、長頸鹿、北極熊」。

人的記憶較容易記住開頭和結尾，相對的中間較難記住。

相信有不少人有過這樣的焦慮經驗：為了考試準備了一整個晚上，結果應考時大部分都不記得……。這個結果也是基於「初始效應」與「近因效應」。

就記憶效率而言，必須了解「初始效應」與「近因效應」在閱讀方面中也相當重要。

如果各位花了1個小時看完這本書，我想最後腦中只會對現在這個章節和開頭有印象。

因為中間的內容太長了。請試著在閱讀的中間穿插短暫的小憩片刻、換一件事情做、或在小憩片刻咀嚼、思考閱讀過的內容。

如果分切成多個時段，開頭和結尾的數量會大量增加，從而大幅提高記憶保持率。

請切身體會一下，只有休息才能提高記憶效率的1%（15分鐘）好處吧！

期限效應

雖然很唐突，但請問各位知道「帕金森定律（Parkinson's law）」嗎？

以下列舉2個例子。

當主管要求說「下週五前完成資料」時，大部分的人應該會在週四晚上趕著完成。

在下定決心「在傍晚前把書讀完」後，儘管從現在開始有8個小時的閱讀時間，而閱讀1本8萬字的商業書籍只需要3個小時。也就是從早上9點開始閱讀。

與製作資料一樣，書也應該會在目標時限，也就是8個小時後的下午5點剛好看完。

應該有不少人心裡有數。

用一句話來說明這個現象，完成一件事所需的時間「會膨脹到填滿所有可用時間」。這就是英國歷史、政治學家帕金森所定義的帕金森定律。

人類的大腦中，有一個名為「工作記憶（Working memory）」的系統。這好比是大腦的

辦公桌或記事本，是暫時記憶、處理作業或動作所需資訊的領域。

閱讀時如果沒有事先掌握前面的文章內容，閱讀完就會後馬上忘記，導致無法繼續往下閱讀。對話也是，正因為會暫時記住對方說的話，才可以在接著往下說時了解對方說的話。

在這些案例中，工作記憶都會發揮出很大的作用。不過，工作記憶實際上有一個很大的弱點：辦公桌上可安排的工作數量有限。

數量因人而已，據說大概是7（±2）個。

例如「①晾衣服、②買晚餐、③閱讀、④在社群媒體上發文、⑤寄信、⑥確認郵件……」等，有多個工作要處理時，超出辦公桌的部分必須減少或是移至邊緣。

在這個情況下，大腦會有2個選項。

- **忘記。**
- **先處理緊急度高的工作，推遲緊急度低的工作。**

「緊急度高、低」是以「是否有餘裕」來判斷。

在閱讀3個小時就能讀完的書時，因為有8個小時的緩衝時間，緊急度自然會下降，容易被推遲到後面處理。

這就是工作記憶的弱點，也是帕金森定律的陷阱。

此時就要運用1％閱讀術。

在1％閱讀術中，會在一開始先訂立目標，例如「尋找要貼在社群媒體的內容」、「獲取明天要用的知識」等。達到目的的時間是15分鐘，也就是1天24小時的1％。

如此，就可以利用「期限效應（Deadline effect）」，這是對付「帕金森定律陷阱」最有效的方法。

期限效應是指透過設定時限，提高專注力和幹勁的心理效果。

會想著只有1％的時間必須努力，難度自然會降低，而且還會因為必須在15分鐘內達成，大幅提高專注力。

1％閱讀術是藉由大腦的構造，刻意創造出專注狀態的方法。

不過，有一點需要注意的事項。

在設定1％閱讀術的目的時，不可以設定「要讀多少內容」。

如果訂立的目標是「15分鐘內看完第1章」，達成條件就是讀完這些內容。

簡單來說，1%閱讀術是用1天的1%時間，獲得1%的成長。可以說，最重要的是自身的成長、獲得成果或是取得知識。

若是以看完一部分的內容為目標，就只能「強行提高閱讀速度」。

速度和理解度是權衡關係，所以會使閱讀變得毫無意義。

期限效應能創造出提高專注力和記憶力的有效閱讀，但設定的目標必須是「獲得知識，使自己成長1%」。請小心不要迷失方向。

養成閱讀習慣的2個魔法

1%閱讀術中包含2個讓閱讀成為一種習慣的魔法。

分別是第2章「魔法般的回憶學習」也有介紹的「蔡格尼克記憶效應」（P136）與接下來要說明的「卡里古拉效應（Caligula Effect）」。請將兩者視為一組來思考。

蔡格尼克記憶效應是一種心理效應，意即「比起完成的事情，人會更執著於未完成的事

情」。藉由刻意創造出未完成的事情，可以增加讀者的興趣，像是「好在意後續，好想快點看到後面的內容！」

另一個卡里古拉效應是指「別人說『不行』就越想去做」的心理效應。

當他人說「絕對不可以看喔！」，是否會感到更有興趣呢？這就是所謂的卡里古拉效應。

在1%閱讀術中使用剛才介紹的「期限效應」，在15分鐘內達到目的。這個時間是強制性的，一旦學會1%，就必須回想，如果想再次翻開這本書，就得再次使用「1%閱讀術」。由於時間的限制，可能會在不上不下的地方停下，進而發揮出「好奇後續內容！」的蔡格尼克記憶效應。同時，因為15分鐘就要闔上書本的規定，還會發揮「別人說不行，就更想多翻幾頁！」的卡里古拉效應。

如此一來，大腦就會呈現充滿好奇心的狀態，滿腦子都在喧囂著「好在意！好想看！」。

1%閱讀術可以自然地創造出這樣的心理狀態，所以當察覺的時候，早已愛上閱讀。也就是說，養成習慣最簡單的方法就是激發樂趣和好奇心。

覺得自己不擅長閱讀的人，如果利用1%閱讀術，愛上閱讀的機率也會大大地提升！

提高效果的3個方法

實踐1%閱讀術時，希望各位務必採用以下3個方法。

①睡前的1%閱讀術

首先是進行「睡前的1%閱讀術」。樺澤紫苑醫師在《懂得增強記憶力讀書才會有效果》（人類智庫）直接了當地表示「睡前閱讀會留在記憶中！」。醫師針對這點解釋「大腦之所以更容易記住睡前學習的內容，是因為睡覺的期間不會輸入新的知識、不會產生『記憶衝突』，大腦也會對吸收到的內容進行整理。」並進一步表示「睡眠有助於『大腦整理』，因此，睡覺時大腦會整理好雜亂無章的訊息，才會出現早上睜開眼睛的瞬間，突然想到解決辦法的情況。」此情況稱為「懷舊效應（Reminiscence effect）」，是利用睡眠精挑細選最佳點子的方法，據說連愛迪生也經常會使用這個方法。可以說，這是1%閱讀術的最佳效果，有助獲取對明天有幫助的知識。

②預測習慣

其次是「養成預測的習慣」。預測就像猜謎一樣，可以讓人產生期待雀躍的感覺，想著「我真的猜對了嗎？」。

藉此增加興趣，提高記憶效率。

- **閱讀時，以封面、目錄和前言的內容來預測整本書在講什麼。**
- **活用知識時，藉由做到這點，來預測接下來會發生什麼事。**

留心預測，就能夠更充分地利用所學到的1％知識。

③使用社群媒體

最後是「開始使用社群媒體」。

不僅是獲取有幫助的知識，還要考慮「將知識傳播出去」，如此便能更輕易地輸出1％閱讀術。

在現實生活中，不一定能夠輸出學到的知識。

這時要留意到的重點是「教授」。

開始使用社群媒體，就能養成以自己的說法重新整理知識並發成貼文。詳細方法會在第4章介紹。

在發貼文時，必須對自己的發言負責，例如，要掌握知識的根據、防止傳播錯誤的訊息等。因此，記憶效率會顯著提高。

由此可知，**1%閱讀術與社群媒體是絕佳的搭配。**

1節15分鐘工作法

說到時間管理技巧和集中注意力的方法，最有名的莫過於先前提到的「番茄工作法（進行25分鐘，休息5分鐘）」。

不過，我無法將進行25分鐘，休息5分鐘的方法用於閱讀或工作。

對我來說，25分鐘太長了。

大概過了15分鐘，我就會感到厭煩，專注力開始渙散。

當25分鐘終於結束時，小憩片刻卻只有5分鐘，因此到第2次循環我就放棄了。

我知道問題出在，相較於25分鐘的工作長度，5分鐘的小憩片刻太過短暫。

因此，我開始以「1節15分鐘工作法」這一獨創的時間管理法為基礎來制定時間表（我不是公司職員，可以從早到晚自由安排工作時間）。

【計算能夠使用的時段】

・從早上6點到晚上6點，正常工作的話總共是12個小時。
・將12個小時除以15分鐘，即可分成48個15分鐘。
・在分成48個15分鐘中，以1節15分鐘的方式來分配工作。

【在每一節安排工作】

第1節：閱讀
第2節：撰寫
第3節：準備發貼文在社群媒體
第4節：邊散步邊思考的時間（包含上廁所和休息）

像這樣，在前一天晚上設定好每一節的工作。

如此一來，每15分鐘就能切換工作，因此不會感到厭倦，可以一整天都保持專注力。從「1節15分鐘工作法」中誕生的就是1％閱讀術。

採用1％閱讀術時，用於閱讀的那段時間，將每一節的閱讀目標設定為「為了獲得能夠運用在明天的知識」。不僅清楚劃分出興趣和學習的界線，我的人生還因此開始好轉。

能夠持之以恆的1％閱讀術

我不斷地鼓勵自己「只要努力1％！」，至今已經過了10年。每天尋找一個有用的知識，注意到每天1％的成長。不知不覺間，與過去的自己相比，感受到了難以置信的變化。

我的學歷只有國中畢業，成績是倒數前幾名，過去也沒有經營才能。如今卻成長到可以出版這本書。

現在各位正在閱讀的這本書，就是執行1％閱讀術後，長年累積的成果。

請務必要採取將學習轉換成結果的1％閱讀術。

②「1個書架閱讀1本書」減少無知並蒐集知識碎片

我非常喜歡書店。我認為書店是一個聖地，既可以欣賞色彩鮮豔的封面，又能夠沐浴在作者與編輯構思的文字中。

不過，我在書店購書時，經常感受到有只能購買「感興趣領域」的書籍，其他則買不下手的傾向，這是一個很大的缺點。

我買書的預算，1本大概介於1500到2200日圓之間。

在花費這筆絕不能算是便宜的金額時，我會為了選擇要購買的書，到處翻來翻去，並且只購買「想要知道」與感興趣的書。

這種行為並不奇怪，但請記住，「在選擇感興趣領域的書籍，偏見會發揮出強烈的作用」。「感興趣＝喜歡的領域」。

就在第1章「知分為4種」（P34）中接觸到的4種知識而言，即便閱讀了大量的書籍，也只能得到以下的效果。

- **更新已知的知識。**
- **將未知轉變為已知。**
- **將無知轉變為已知。**

別人推薦的書籍也是如此。假設你是一位業務，從以下他人推薦的書單中購買了1本書。

①由頂尖業務彙整編寫的銷售訣竅書。
②解說尖端銷售的書。
③解說大數據與今後發展的書。
④彙整與國外關係的書。

購買人數應該會依照①、②、③、④的順序遞減，其中大部分的人都會購買①。

在書店挑書並參考他人推薦的選書方法，偏重於感興趣的領域，最終走向「無法減少不知」的閱讀之路。

餐廳閱讀與自助餐閱讀

因此，我採取的方法是在圖書館閱讀。值得感謝的是，圖書館可以免費閱讀書籍。

在書店購買，每本約1500到2000日圓的書籍，在圖書館都是免費的。也許也會有人在圖書館閱讀本書也說不定。

不過，圖書館也有缺點。

在面對帶著「必須好好閱讀這本書」的心情花錢購買的書籍，很有可能會產生想要回本的心情，並認真精讀。另一方面，免費就能閱讀的書籍，幹勁相對較低，隨意翻閱的機率也會增加。

正如到目前為止所介紹的，根據先入之見和視角，人會將書籍用在各種用途與產生不同的解釋。

由於在圖書館閱讀的書籍不用花自己的錢，比較不會有想灌輸先入之見的行為和想法。

不過，只要確定這個動作的作用，就能將在圖書館閱讀的缺點轉變為優點。

正因為免費閱讀才能「隨意翻閱」的自由背後，有著累積知識的碎片，減少不知這一莫大的好處。

正是輕鬆閱讀，才可以閱覽大量的書籍。即便是不感興趣的領域，也可以抱持著「先讀讀看」的心情，降低閱讀的門檻。

不精挑細選，才能夠減少對許多領域的不知。

如果說書店是「揀選1本喜歡的書籍並品嚐閱讀的餐廳」，那圖書館就是「不用坐下，可以試閱書籍的自助餐」。

在圖書館才能做到的1個書架閱讀1本書

在自助餐型的圖書館裡，我採用的閱讀方式是，1個書架1本書。圖書館裡有10幾20幾個不等，多到數不清的書架。

為了閱讀多個領域的書籍，我利用圖書館按類型分類、擺放這點，捨棄精挑細選的行為，採取1個書架閱讀1本書的方式。

我養成每天去圖書館的習慣，因此，從1年前開始，我每天進行1個書架閱讀1本書的閱讀方式。

當然，重點在於要「輕鬆閱讀」，畢竟也有不感興趣的領域。

從下一節開始，我將詳細介紹「1個書架閱讀1本書」的5個規則。

閱讀法
2

「1個書架閱讀1本書」的詳細規則

輕鬆閱讀的好處

規則①1個書架讀完1本書後必定換下一個書架

1個書架閱讀1本書的唯一目是「與不知相遇」。

因此，最重要的是邂逅、接觸大量的領域、作者和作品。

在現今這個「搜尋時代」，作為現代武器的詞彙量和思考範圍，會對不知的多寡產生極大的影響。

既然已經劃分出目的，就請下定決心，每次都要走向下一個書架挑出一本書，並在實踐時貫徹這個規則。

規則②1本書的閱讀時間設定為30分鐘（建議）並輕鬆翻閱

如上所述，1個書架閱讀1本書的唯一目是邂逅、接觸大量的領域、作者和作品。

因此，必須以讀者的角度（參照P93）輕鬆地閱讀。

就像是在看網路新聞一樣，將注意力放在消除興趣和不知，持續往後翻閱，不要急於深入了解。

規則③下個書架出現很有興趣或非常好奇的書籍時，筆記在手機中

移動到下一個書架，遇到「好好奇……」的內容時，請立即筆記。以1個書架閱讀1本書為契機，經常會讓人遇到想要深入了解的內容。

如果感受到強烈的興趣，有以下2個選擇。

A：在1個書架閱讀1本書循環中，作為下次輪到這個書架時的課題。

B：借回家，用其他時間來了解。

當因為興趣，採取1％閱讀術或精讀的書籍愈多，就會愈喜歡閱讀。

規則④在進行1個書架閱讀1本書時不要看相同的書

人本來就是一種「拒絕變化的生物」。因此，在1個書架閱讀1本書繞了一周後，就會出現想要拿同1本書的現象。

因為覺得「還沒看完……」，想要彌補欠缺的知識。

不過，請在規則上明令禁止這一行為。

規定禁止，興趣就會提高，選擇上述A、B2個選項的機會也會增加。

如此，不僅會接觸到更多的書籍和詞彙，還會在離開圖書館後產生閱讀的慾望。純粹閱讀的時間增加，就能加速掌握知識。

規則⑤不懂的詞彙一定要查詢

發現不知的契機，大多是「不認識的單字」或「看不懂的解釋」。進行1個書架閱讀1本書時，會察覺到，自己「不懂」、「不知道」的事情出乎意料地多。

遇到這個情況，只要上網搜尋，就能提高對這些內容的興趣。

我認為搜尋是「輸入文字的輸出」。不僅有助於維持記憶，還能夠養成搜尋的習慣。

「搜尋不知道的知識」不就是最有用的學習嗎？

利用經常遇到「不懂」、「不知道」的1個書架閱讀1本書，養成搜尋的習慣。

請遵守這5個規則，「完全放鬆」地閱讀。

就像是玩遊戲一樣，每天征服1個書架裡的1本書。

進行1個書架閱讀1本書時，只要快速閱讀，就能將「不知道」轉換成「有看過」，如此反覆1年，日常生活中說出「我知道這個」的次數會明顯增加。

當然，論知識的了解度，還不到可以「說明」的程度。

不過，減少不知帶來的好處，會為日常帶來極大的變化。

藉由1個書架閱讀1本書減少不知的好處

減少不知會帶來3大好處。也都是一旦得知，就會促使人想要閱讀的好處，以下將按照順序來介紹。

好處①提高搜尋能力

首先是在第1章「網路搜尋的陷阱」（P37）一節中介紹的搜尋能力。

搜尋能力取決於知識量和詞彙量。

在完全不知的狀態下，別說是搜尋，連「打算搜尋」的想法都不會出現。

利用1個書架閱讀1本書減少不知，搜尋能力自然也會提高。

好處②能夠分解「困難」

其次是可以分解在第1章「創造出日常問題可以自行解決的狀態」（P55）一節中介紹的「困難」。

「困難、不知道」只是2個以上「簡單但卻不知道的事情」交織在一起而已，而「簡單但卻不知道的事情」就是所謂的未知和無知。

未知和無知只要分解後就能輕易調查清楚，但是不知可不一樣。

對於不知，在覺得「困難」之前，連認識這件事都辦不到。

正是減少不知，才可以做到分解、思考「困難」。

好處③增加不知道的事情

最後是「隨著知道的事情愈多，不知道的事情也會增加」。

相信有人會問「為什麼知道的事情愈多，不知道的事情反而會增加？」。

在10年前剛開始閱讀時，我也認為「知道的事情愈多，不知道的事情就會減少」。

然而，在了解以「如果埃及豔后的鼻子短1吋，世界的歷史可能就會改變」一句話聞名世界的布萊茲・帕斯卡（Blaise Pascal）所說的「知識之球」後，這個想法遭到推翻。

帕斯卡表示「知識就如球體，在擴大的同時，與未知接觸的部分也會增加」。

例如，在知道「讀書、讀文章」時，首先會產生對閱讀方式的未知，像是「快速閱讀」、「大量閱讀」、「邊記邊讀」。

要將「快速閱讀」從未知轉變為已知，不僅需要腦科學、心理學的知識，就連視野的知識都得知道。

了解腦科學，就能知道自己對記憶的構造和語言理解都僅止於未知。也就是說，知識就像雪球一樣，透過了解提高與未知相遇的機率。

藉由1個書架閱讀1本書，可以顯著提高與不知相遇的機率。

在認識的瞬間，不知就會轉變為「無知．未知」，並且知識的圓圈會變大。

透過了解，可以感受到自己還有許多不知道的事情，這種感覺會演變成「好奇心」。

順帶一提，許多研究顯示「行動的動力來自於發現未知」。

原本完全不知道的知識轉變成「無知、未知」後獲得的好奇心，自然而然就會轉化為實際行動。

1個書架閱讀1本書是一種像是魔法的閱讀法，它以不知為起點，增加好奇心、知識欲和行動力。

如果各位覺得「每天都好無聊……」、「什麼事都不想做……」，請務必試著從1個書架閱讀1本書開始。

當知道知識的深奧程度後，各位一定也會成為好奇心旺盛、積極行動的人。

③可以快速閱讀不用跳著看的「速聽視覺確認閱讀」

早上起床，搭車上班。

工作到傍晚，再搭車回家。

回到家後要做家事、顧小孩。

甚至，還有人的目標是靠副業和個人接案賺錢。

聽說運動很重要，所以開始慢跑或健走。

現代人無時無刻都忙，每次推薦他們看書時，都會得到「沒有時間看書啦……」的回覆。

我切身地理解他們的心情，因為我也曾多次有這種想法。

為此，我採取的對策是1％閱讀術。我曾經到處推薦這個方法，提倡如何在短時間內一點一滴的累積知識。

不過，有時候也會遇到連空出15分鐘的力氣都沒有的日子。在這種情況下，我推薦的閱讀法是「聽讀」。

煮飯時雙手很忙，但耳朵是空閒的。

從車站回家的路上，不能閱讀文字，但耳朵是空閒的。

愈是忙碌的人，我愈是強力推薦能夠「同時活用時間」的聽讀。

有聲書是專業的播音員或AI，一字一句朗讀書籍的服務。

事實上，如果學會聽讀以及活用的方法，會得到非常大的好處。

從結論上來說，不用使用第2章「唯一推薦的速讀法」（P155）一節介紹的略讀，也能夠進行「速讀」和「精讀」。

我利用聽讀的方式來閱讀，可以將每分鐘約500字的閱讀速度，提高到1200字左右。

接下來，我會先說明聽讀的好處，之後再詳細說明提高閱讀速度的方法。

聽讀的3個好處

我推薦聽讀的理由大致可分為3個。像是「不擅長閱讀……」、「沒有閱讀的時間」、「難以感受到閱讀效果」等潛在的煩惱，都可以用以下介紹的3個好處來解決。

①降低閱讀的難度。
②讓耳朵的閒暇時間成為學習時間。
③使用詞彙量大幅增加。

①降低閱讀的難度

大部分的人都知道閱讀是好事，但覺得在著手進行前，心理有無法跨過的障礙，導致遲遲無法開始……。

我認為閱讀最大的2個障礙是「積極主動」和「有意義」。

正如我在第1章「將閱讀當作娛樂以提升自己」（P27）所介紹的，有意義的事情可以說是有價值的事情。

獲得知識、賺取金錢、創造時間。

許多人認為閱讀在人生中是有意義的。

相反地，遊戲和YouTube影片則被認定是沒有意義的代表。

人們將那些對人生沒有正面影響，只是浪費時間的事情歸類為沒有意義。

雖說如此，即便下定決心「只做有意義的事情」，也不是件易事。

所謂有意義的事情，是能夠得出結果，改變自身的事情。

就如本書反覆強調的，人天生就是討厭變化的生物。

如果不想做那些涉及改變的「有意義的事情」，身體會產生抗拒，並做一些無意義，可以一直持續的娛樂，例如打遊戲和看YouTube影片。

但是，如果把遊戲當作工作會如何呢？

大部分的人可能會因為「今天不想做……」，找出許多不做的藉口。

也就是說，閱讀的障礙產生於打算積極主動地做有意義的事情。

這時候就是聽讀出場的機會。

聽讀不必主動，可以當作是被動的愛好。**只要按下播放，就能同時進行被動閱讀。**

當然，主動閱讀更能夠提高記憶效率。不過，與其想要閱讀，卻耗費時間遲遲無法踏出第一步，選擇聽讀反而更有生產力。

非主動而是被動，這個差異，有助於大幅降低開啟閱讀之路的難度，是主要的好處之一。

②讓耳朵的閒暇時間成為學習時間

本章開頭也提到過，現代人非常忙碌。極端來說，除去睡覺、吃飯、工作，可支配的時間幾乎等同於0。

不過，支配時間時使用的五感主要是視覺，有不必使用眼睛的「耳朵閒暇時間」。

從日常生活來思考一下。

- **通勤時間。**
- **運動或散步時。**

・工作時的午休（短暫的小憩片刻）。

・購買晚餐時。

・稍微等待的時間。

・睡前的時間

・做家事的時間（打掃、料理、洗衣服）

若是計算1天耳朵的閒暇時間，應該有不少人總時間超過2個小時。

假設每天聽讀2個小時。

・商業書要3到6小時

・翻譯書要6到9小時

這是聽有聲書的平均時間，即便沒有快轉，3天內也能聽完1本。每天聽2個小時，3天就能輸入1本書的知識。

若是堅持1年會如何呢？是不是會得出令人興奮的數字？

③使用詞彙量大幅增加

就如同我在第1章「認知詞彙與使用詞彙」（P71）詳細介紹的，詞彙量的增加，會經過下述的流程「知道詞彙↓反覆看到↓成為可以使用的詞彙」。

但是我有一個疑問。

我們生活在一個充滿各種訊息的世界，平時就會接觸大量的詞彙。電視、YouTube、Twitter（現為X）、Instagram、新聞網站，應該已經達成「知道詞彙↓反覆看到」這2個步驟，為什麼還是有這麼多人對自己的詞彙量沒有信心，或是明顯缺乏詞彙量呢？

假設原因是「資訊量多寡」，並試著進行思考。

書本沒有聲音也沒有影像，是訊息量最少的媒體。與之相比，電視、YouTube既有影像也有聲音，訊息量之大，是書本無法企及的。

「訊息量多」這個詞彙可能不好理解，這裡換個說法。

影像媒體是「除了文字，還有其他傳達資訊的選項」。

乍看下好像是一大優勢，但我認為「除了文字，還有其他傳達資訊的選項」正就是缺乏詞彙能力的原因。

看電視或YouTube影片時，內容很少會有為了說明而「選擇詞彙」的行為，絕大多數都是使用簡單易懂，讓人覺得有趣的詞彙。

要舉例的話，大概都是「太厲害了吧」、「好強喔」之類的詞彙。Instagram和Twitter（現X）的情況也是如此。

因為只是些簡單易懂，有趣好笑的詞彙，就算天天聽，也完全無法增加詞彙。

日本大東文化大學文學系教授山口謠司老師，曾出版過許多關於詞彙能力的書籍，例如《語彙力がないまま社会人になってしまった人へ》、《頭の中を「言葉」にしてうまく伝える。》等。他曾說過以下這段話。

「出現於電視和網路流行語，雖然僅僅一個單字就能傳達出具有衝擊力，但如果總是使用這些詞彙，會產生不好的影響。例如日語中的『やばい（yabai）』，現在會用來形容各種情況，有不少現代人因為一直使用『やばい』一詞，忘記在『やばい』出現前，是用什麼詞彙來表達當下的情況。就是因為如此簡單易懂，才能夠抹去以往擁有的詞彙。」

不僅不會增加，還會減少原本會的詞彙。

由此可知，接觸詞彙並不代表一定能夠提高詞彙量。

這就是為什麼我要推薦聽讀。

如先前所述，書籍是訊息量最少的媒體。

所有的事情都得用文字來說明、描述。

必須使用適當的詞彙，適當地用言語描寫場景。

聽讀就是一種方法，讓我們能夠用耳朵聽這些，可以說是詞彙集合體的書籍。

「知道詞彙↓反覆看到↓成為可以使用的詞彙」是提高詞彙能力的流程，被動地接觸好的詞句，很容易就能掌握語氣。

詞彙量會根據選擇的媒體而改變。正因為現在這個時代是訊息社會，聽讀才會有這麼大的好處。

聽讀也有缺點

到目前為止舉出的例子都在說明聽讀的好處，但聽讀當然也有缺點。

與閱讀紙本書相比，聽讀的理解率會較低。

有很多因素。其中最主要的原因是，不方便回頭重新閱讀。

回頭重新閱讀是一種無意識的舉動，所以各位可能沒有察覺到這一點。閱讀時，重新閱讀讀過的部分占比大約為10％到15％。

一般並不會平順地重頭讀到尾，有時會「為了理解」回頭閱讀已經閱讀過的地方。

請在閱讀的時候留意一下，應該會切身體會到「自己確實會翻到前面重讀」。

就跟在第2章「閱讀時的眼球運動」（P148）接觸到的眼球運動相同，不重新閱讀，不僅理解率會下降，甚至連理解本身都做不到。

這就是聽讀和閱讀最明顯的差異。

當然，聽讀可以將內容回轉，但每次無法會意都要回轉是件麻煩事，一定有不少人會避免做這種事。
此外，在優點中提到的活用「耳朵閒暇時間」，其實也藏有缺點。
在東京電機大學的磯野春雄等人做的調查「閱讀電子書以及聽讀時大腦的活性化和內容理解度」中，分為以下2組，針對閱讀電子書的理解程度進行測量。

①用視覺來理解、閱讀書本內容組

②用聽覺來理解、聽取書本內容組

從結論可得知，這2組並沒有「顯著的差異」。
也就是說，以理解度來說，「有聲書＝電子書」。
不過，也有許多人覺得，無論怎麼想，相較於聽過一次，閱讀過一次的理解程度更高。
我認為，就是這個原因，讓大眾覺得在「耳朵閒暇的時間」獲取知識並不是好事。
基本上，人都是一邊做其他事情一邊進行聽讀，也就是說，這是一種多工處理。
在多工處理中，並不是將注意力集中於聽讀，理解度當然會下降。換言之，活用「耳朵閒暇時間」這一優點同時進行聽讀的同時，也產生出理解率下降的缺點。

不過，就算理解率下降，也會產生出知識，這裡以「1」來比喻。

不讀不聽，當然完全不會獲得任何知識，也就是「0」。就算是同時聽讀，也能掌握一些知識的碎片。

①降低閱讀的難度。

②讓耳朵的閒暇時間成為學習時間。

③使用詞彙量大幅增加。

即便有缺點，我還是認為「聽讀」有很大的價值。

儘管如此，僅憑到目前為止介紹的好處，對平時就有閱讀習慣的人來說，或許會覺得沒有必要「聽讀」。

事實上，我就因為「平時就會閱讀」，覺得這3個聽讀好處並不重要。

那為什麼還要聽讀呢？因為「能夠速聽」。

「聰明」的真面目

在介紹速聽前，我要先對大腦的結構進行說明。

大腦有一個叫做「額葉」的部位。額葉統括理解力、判斷力、決斷力，在「思考」中發揮著重要的作用。

活化額葉，會提高幹勁並促使大腦運轉，訊息處理能力等決策速度也會加快。

換言之，「大腦運轉快速」可以說是頭腦聰明的人，也可以說是活化額葉的人。

所以要怎麼做才能夠刺激額葉活化呢？

有很多方法，其中我最推薦速聽。

日本東北大學川島隆太教授、日本大學綜合科學研究所泰羅雅登教授、京都大學久保競名譽教授的共同研究（依照公布研究成果時的頭銜）中，作了以下的說明。

「針對沒有『速聽』經驗的25位受試者（男性20位、女性5位，平均年齡20．1歲），以1倍、1．5倍、2倍、2．5倍的速度讓他們聽正確和錯誤文章交錯的理解問題，為了判斷

正確與否，必須專注地聽取問題。這時使用f-MRI測量大腦作用的活化程度。結果顯示，相較於一般速度，「速聽」時受試者腦內的語言區域會更為活化。」

一言以蔽之，「速聽會使額葉活化」，簡單來說流程就是「速聽」→「活化額葉」→「頭腦變聰明」。

光說「頭腦變聰明」聽起來很難想像，接下來列出的是我從「速聽」感受到的好處。

・**溝通對話更從容**

平時習慣速聽，在與他人對話時，會覺得對方語速不快，進而有更多思考的時間。

此外，大腦會補足因為漏聽而變的零碎的話語，減少問對方「什麼？」的次數。

・**提高閱讀能力**

活化額葉聯合區，提高理解力，從而加快在大腦中建構文章的速度。

在閱讀早已讀過多次的文章也能夠體會一看就能理解構造的感覺。

・**減少說「總之」的次數**

同樣地，隨著額葉聯合區活化，大腦運轉加快，說明能力會跟著提高。**自從開始速聽後，**

說話變得流利，還能夠在演講和研討會上發表。

只要進行速聽，就能獲得在日常生活中也能感受到的各種好處。

輕鬆就能習得速聽技巧

聽到速聽會使「頭腦變聰明後」，是不是有很多人想要跟著速聽呢？

以下我要介紹我所實踐的速聽法。

速聽的方法其實相當簡單，只是逐漸加快聽讀的速度。

接下來就來詳細地進行說明。

聽讀有不同的種類。

OTOBANK股份有限公司　audiobook.jp	最大速度：4.0倍速
Audible,Inc.　Audible	最大速度：3.5倍速

亞馬遜 Kindle	最大速度：取決於終端

進行速聽時可以使用任何服務。請打開喜歡的書進行「聽讀」，同時慢慢地加快速度。

・如果一開始是從1倍速開始，那1個禮拜後要調整到1・5倍速。

・1個月後調整到2倍速。

・目標是3個月後調整到3倍速。

照這樣的速度，就能輕鬆掌握速聽。

若是一開始就調到3倍速，會完全無法理解朗讀者在說什麼，並因此感到挫折。不過，只要慢慢地習慣，等到發現時，即便是4倍速也可以聽得一清二楚。

作為參考，以我自己為例，從開始速聽開始，大概6個月後就能夠習慣4倍速。順帶一提，朗讀者在有聲書的1倍速中，是以1分鐘300字的速度進行朗讀。也就是說，我可以聽清這個速度的4倍速。

1本書的閱讀時間

- **國內商業書：3到6個小時**
- **國外商業翻譯書：5到12個小時**
- **小說、散文：2到8個小時**

這是有聲書「以1倍速從頭聽到尾不間斷的平均時間」。

如果能以2倍速來聽讀，每分鐘可聽600字左右，換句話說，可以追上平均閱讀速度。以國內商業書來說，1・5到3個小時就能讀完。

3倍速的話，1分鐘大約聽900字，1到2小時即能讀完國內商業書。

若是4倍速，1分鐘大約聽1200字，國內商業書只需要45分鐘到1・5小時。

以下總結一下聽讀和速聽的好處。

■聽讀的好處

- 降低閱讀的難度
- 讓耳朵的閒暇時間成為學習時間
- 使用詞彙量大幅增加

■速聽的好處

- 頭腦變聰明
- 可以快速大量地聽讀

光是這樣就值得一試。既簡單，又可以讀很多書，還能獲得好處。

不僅是一石二鳥，而是三鳥、四鳥的魔法聽讀法。

不過，我真正感受到的價值並不包含在上述的介紹中。

只要再下一點功夫，就能得到莫大的好處。

這個好處是，結合速聽和閱讀的「速聽視覺確認閱讀」得到的好處「提高精讀（一字一句閱讀）的速度」。

必須「習慣」速讀

大約到5年前，我的閱讀速讀是每分鐘500字左右，這是個極其平均的數值。不過，現在已經提高到約1200字。

為什麼閱讀速度會翻倍成長呢？

如同我在第1章「閱讀速度的真面目」（P78）一節所介紹的，閱讀速度取決於以下3個要素。

- **知識量**
- **詞彙量**
- **閱讀理解能力**

知識量和詞彙量可以透過閱讀來獲得，閱讀理解能力的一部分可以藉由速聽提高。

閱讀速度是由這3個能力構成，但就我個人的感受，掌握這3者不代表「精讀」的速度會大幅加快。

略讀是以跳過為前提，因此，根據「知識量、詞彙量、閱讀理解能力」，可以立即感受到速度加快，不過一字一句精讀並非如此。

請想像一下開車的畫面，提高汽車的性能，理論上最高速度會上升。不過，實際上提高車速的是司機。

相同的道理，要想快速閱讀，除了性能外，還需要「習慣」。

速聽加上閱讀 就是速聽視覺確認閱讀

只有感受到「這個速度也能閱讀」、「這個速度也能理解」，速度才會大幅提升。

因此，我採用結合4倍速聽讀與用眼睛閱讀的「速聽視覺確認閱讀」。

順帶一提，我替「速聽視覺確認閱讀」這個閱讀法，正式命名為「逆聽」。

不過，「逆聽」是以「聽」為主，從語言上不易聯想到「讀」，因此，這裡稱為「速聽視覺確認閱讀」。

從下一節開始，我將會詳細說明「速聽視覺確認閱讀」的進行方法。

閱讀法 3

「速聽視覺確認閱讀」具體的方法

AI朗誦的聽讀×看字閱讀

速聽視覺確認閱讀的方法有很多種，最容易上手的是使用Kindle。

由「亞馬遜」提供的電子書服務Kindle，可使用朗讀文本功能，並讓AI進行朗讀，也就是AI朗讀的「聽讀」。在進行由AI朗讀的「聽讀」，同時看著畫面進行「看字閱讀」。

必須注意，朗讀的方法會因機型而異。

■使用 iPhone

①打開iOS的設定畫面。

②點擊輔助使用。

③點擊語音內容。

④打開朗讀螢幕。

聲音和閱讀速度隨時都可更改。設定完成後，請在Kindle打開書籍。接下來，可以用以下任一種方法開始。

⑤（1）用2隻手指往下滑（難度高）。

（2）「Hey Siri 朗讀螢幕」對Siri下指示（難度低）。

■使用 Android

①打開Android的設定畫面。

②點擊協助工具。

③點擊TalkBack（如果沒有這個選項，必須另外安裝）。

④點擊設定。

⑤開啟輕觸一下即可使用。

使用Android系統時，閱讀速度可以從設定畫面更改。設定完成後，在Kindle打開書籍。

⑥同時按音量大、小鍵，長按3秒。

⑦點擊螢幕，用綠色框框包圍整個頁面。

接下來，手機就會開始朗讀。

■使用Fire平板電腦

①打開設定畫面。

②點擊鍵盤和語言。

③點擊語音朗讀。

④點擊下載附加語音。

⑤下載日語。

⑥點擊首頁的3個點。

⑦點擊設置。

⑧點擊語音朗讀。

設定完後，閱讀畫面的右下方會出現播放按鍵。

在任一個設備上完成朗讀設定後，按照速聽時的速度邊聽邊閱讀螢幕顯示的文章。

不僅能夠快速聽讀，還能體驗快速閱讀的感覺。

當然，因為速聽的輔助，書籍的理解率也會提高。

不過，如先前所述，最大的好處是加快精讀時的速度。

在進行速聽視覺確認閱讀時，會自然而然促使人仔細閱讀每一個字。如果是4倍速，每分鐘可精讀1200字。

即便是在停止速聽後，也會發現自己的閱讀速度比以往還要快。

這就是讓原本1分鐘只能看500字的我，閱讀速度翻倍的速聽視覺確認閱讀帶來的效果。換言之，藉由聽讀和速讀，會得到以下的好處。

- **降低閱讀的難度**
- **讓耳朵的閒暇時間成為學習時間**
- **使用詞彙量大幅增加**
- **頭腦變聰明**
- **可以快速大量地聽讀**

為了享受更有品質的閱讀，請務必嘗試速聽視覺確認閱讀。

長期活用3個閱讀法的感想

①將學習化為結果的1%閱讀術
②「1個書架閱讀1本書」減少無知並蒐集知識碎片
③可以快速閱讀不用跳著看的「速聽視覺確認閱讀」

以上介紹了我長期實施的3個閱讀法。

為了活用知識，就必須要有意義。意義總是伴隨著麻煩，所以「1％閱讀術」著重的是獲得1％。

1個書架閱讀1本書的重點在於，不用勉強自己，也能增加1％閱讀術無法獲得的各領域知識碎片。

速聽視覺確認閱讀是在享受閱讀的同時，提高1％閱讀術精確度。

因為每一種方法各有其作用，就連我這麼怕麻煩的人，也能夠把閱讀轉變為知識。

請務必參考這3個閱讀法，保持閱讀樂趣的同時，使閱讀更有意義。

相對於「沒有時間閱讀」，我更喜歡「沒有在閱讀，所以沒有時間」這個想法。這與以下伊索寓言故事的邏輯相同。旅人對著明明從早上就在砍柴，但一點進展都沒有的樵夫說「要不要把斧頭磨一磨呢？」，樵夫回答「我忙著砍柴，沒有時間磨刀」。

第 4 章

將學習效率提升到最高的 Magu 式輸出法

對常見的輸出法感到的異樣感

「書不是看完就結束，重要的是輸出」。

我切身地了解，聽到這句話後，想要回答「我知道啦……」的心情。

畢竟我以前也討厭輸出。

接觸文字世界，沐浴在文字中，當作娛樂享受，我很喜歡像這樣輕鬆閱讀。

不過，要說還有哪一點不足，如果在文字中度過的美好時光也可成為一種「學習」，那就等於是達成我的夢想。

於是，我嘗試研究記憶效率。

我希望可以用最簡單、最有效率的方法，輕鬆記住「學習」的內容。不愧是超怕麻煩的我，真是個膚淺的願望。

在這種情況下，我接觸到在閱讀記憶相關書籍中經常會出現的一個方法，「在一定時間內輸出3次，就能記在腦海中」。

這是以德國心理學家赫爾曼・艾賓浩斯（Hermann Ebbinghaus）提出的「遺忘曲線」為基礎，所構思出的方法。

「遺忘曲線」是一種圖表，可簡單表現出人類遺忘構造。

各位是否在書本、雜誌或社群媒體等看過這個說法：「複習很重要，因為人會在20分鐘內忘記42％的內容，1個小時忘掉56％，到隔天忘記67％，1個月後已經忘記79％」，其實這個說法是錯誤的。

艾賓浩斯本身並沒有定義「遺忘曲線」，論文中提到的只是推測「為了回憶的節約率與從腦中遺忘的忘卻率」。更何況，這是篇於距今約140年前發表的論文。

受試者也是艾賓浩斯自己，該研究只用一個樣本案例，就歸納出結論。而且艾賓浩斯也在論文裡表示，不知道其他人當受試者時，是不是也會得到同樣的數據。

請各位冷靜地思考一下。

「昨天和女朋友一起看的電影劇情，已經忘記67％」

「昨天的會議內容，已經忘記67％」

各位不覺得奇怪嗎？

首先，感興趣與不感興趣的領域，記憶的留存程度就完全不同。這不是任何人都可以實際感受到的事情嗎？

所謂的「記憶」、「遺忘」和「回憶」並沒有這麼單純。

換言之，我可以大膽地說，不可以輕信「採用忘卻曲線的最佳學習週期」這種話。

所以應該怎麼辦呢？

在本章中，我要從眾多的輸出法中，介紹我推薦的具體方法，以及降低輸出困難的措施。

對輸出感到厭惡

首先，我想先分解「輸出」這一動作。

我不喜歡輸出。

要說為什麼，因為活著就必須「思考」，思考則是件很麻煩的事。

如果要代言各位的心情，應該也是一句「好麻煩」。

我屬於幾乎所有事情都覺得麻煩的類型，為了解決每一件事，我都會分解成2部分來思考，分別是「效率化」、「習慣化」。

與其一天做好幾次麻煩事，不如提高效率，以便一次就能完成。為了能夠堅持每天做，要建立養成習慣的系統。

這2點做到極致，就可以將「麻煩」降到最低。

還有一件必須補充的事情，即輸出的目的。

在這裡，我將其定義為「社會人的學習」。**如此一來，目的將不是「記憶」而是「活用並成長」。**

簡單來說，以活用「效率化」、「習慣化」來成長為前提，提升自己才是最後的目標。

那要怎麼做，才能以「活用並成長」為前提，做到效率化和習慣化呢？

以下為了能夠配合1％閱讀術一起實行，將對此進行分解和說明。

提高輸出效率

「輸出」這個詞彙過於抽象、籠統，所以應該有不少人「不知道該怎麼做比較好」。

舉例來比較一下。

例如，「寫在紙上」的行為。

①直接抄寫書裡的知識。

②建立架構，邊思考邊猜測。

比較兩者後，很明顯②會成為「活用」的知識。差別在於思考與否。

再舉另一個例子：關於「教別人」的行為。

①直接照書裡寫的講述知識。

②替換說法，以便傳達給對方。

比較兩者後，可以說②成功做到「活用」。差別一樣在於思考與否。

思考與否，比較兩者後就會知道，在每個例子中，行為符合②的人應該都會獲得畢生難忘的知識。

相反地，符合①的人，最終什麼也沒記住，也無法活用這些知識。

比較後一目了然，如果考慮到「活用並成長」，就勢必要在這兩者之間實際做出「思考」的行為。

只要在中間插入思考的行為，就能轉變成優質的輸出，反之則否。

有助於活用知識的學習金字塔

請讓我在這一小節說明一下何謂「學習金字塔」。

學習金字塔是將美國研究機構發表的「學習方法和學習保留率」，以金字塔的形狀進行系統化的思考方式。

用於說明所謂主動學習（辯論、教學等）之重要性的思考方式。

我認為學習金字塔在考慮輸出效率時確實值得參考。

為了避免引起誤會，我必須先說，主動學習也不能說完全正確。

以下論點內容引用自，日本南山大學人文學系心理人類學科土屋耕治的一篇，論述考察的文章。

「長期以來，一直有人表示『學習金字塔這個圖表有點可疑』，我也重新調查他的來歷，結果發現這個圖表的數據和階層順序，都沒有任何證據確鑿的依據。」

具體的數據如下。

「我們每聽10次只記得2次，我們每看10次會記得5次，我們每接觸10次會記得7次，我們每做10次會記得9次」，也就是說，這些數據是從箴言中引申出來的。

不過，本書介紹學習金字塔並不是為了批判，而是為了活用。

這是一個很簡略的圖表，具體的數據沒有任何科學根據，而且不知道為什麼用「從輸入到輸出」的說法來表現「輸入和輸出」。**不過，「親自實踐」和「教導他人」可以將學習保留率提高到最大限度，這從感覺上來說也是事實沒錯。**

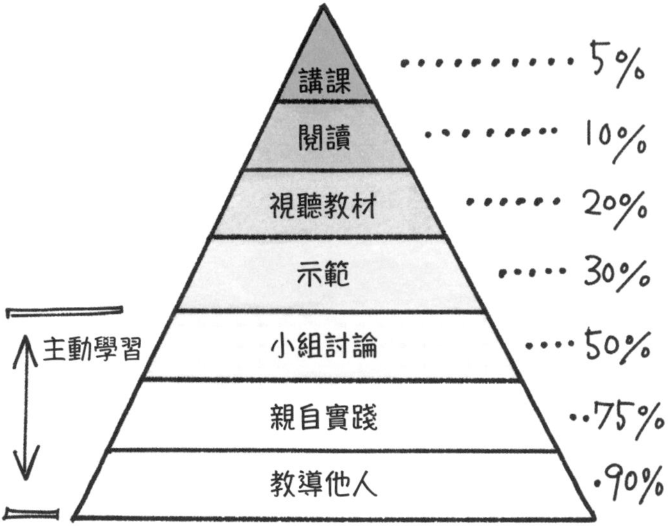
講課
5%
閱讀
10%
視聽教材
20%
示範
30%
主動學習
小組討論
50%
親自實踐
75%
教導他人
90%

實際上，要做到「親自實踐」，需要滿足以下2點。

・思考要在哪個時間點使用。

・到使用前都要記在腦裡。

這些條件都會經歷「親自思考一次獲得的知識」，因此會大幅提升這些知識作為「有用的知識」，保存在長期記憶中的可能性。

「教導他人」也相同。

・正確理解。

・替換成對方聽得懂的話語。

・使用自己的比喻方式來表達。

親身實踐可以切身感受到「是否有用」，教導他人則可以正確地思考和理解。

說起來，當我問那些可以舉出各種具體例子，能夠恰當地使用比喻表達的人「為什麼這麼擅長舉例？」，他們一般都會回答說「以前曾經思考過要怎麼講，對方才會覺得比較好懂」。

由此可見，只要有思考、體驗或是與人交談的經驗，就會成為畢生難忘的知識，這個說法未必是錯的。

換句話說，要將考慮到「活用並成長」的輸出效率化，需要注意哪些要點呢？那就是「親自實踐」和「教導他人」。

可以說，要做到其中一項，或是兩者兼之。

習慣輸出

在了解要如何輸出才能提高效率後，要如何每天順利地輸出呢？這就是所謂的習慣化。

養成習慣是「一時興起」的反義詞。

一時興起是根據當下的心情來決定。其中，各種研究都顯示，依靠意志力，例如「必須做點什麼」，會為大腦帶來很大的負擔。

一旦大腦負擔過重，感到疲勞，身體就會自然地朝著不變的方向前進。這就是輸出困難的

原因。

這麼一來……即便學習養成習慣的知識，決定嘗試看看，也無法付諸實踐。

像我這樣的人應該很多吧？

為了解決這個問題，我想出的辦法是，「不是試圖做什麼以便養成習慣，而是制定規則來消除一時興起的行為」。

如果像加法一樣思考事物，拒絕變化的自我就會造成妨礙。

不過，若是試著用減法的方式來思考如何消除一時興趣的行為，會得到什麼樣的結果呢？

因為要思考的事情減少，當下為了獲得輕鬆的果實，更願意採取行動。

避免一時興起的 if-then計劃

因此，我想推薦的是「If-then計畫（If-then規則）」。

海蒂・格蘭特・海佛森（Heidi Grant Halvorson）博士是社會心理學家、哥倫比亞大學商學院動機科學中心（Columbia's Motivation Science Center）副主任，她在其著作《成功人士一定會做的9件事情》（晨星出版）中提出If-then計畫，這是養成習慣的最強技巧。

具體行動如下：

- **肚子餓就吃堅果。**
- **一進入臥室就做15分鐘的伸展操。**
- **早上起床的第1件事是刷牙。**

像這樣「做A的話就做B」、「變成A的話就做B」、「感覺到A的話就做B」，在行動上設定規則，就是所謂的If-then計畫。

一般稱之為養成習慣的技巧，但我認為這是一種「防止一時興起的對策」。藉由將應該做的事情和條件設為一組，就不會給予大腦思考的機會，從而加快行動的速度。

讀心師DaiGo的著作《短期間で〝よい習慣〞が身につき、人生が思い通りになる！超習慣術》（GOMA-BOOKS）中也有介紹If-then計畫，以下擷取其中一段話。

「人類本來就是一種在大腦內建一些對生存有利的If-then計畫後，演化而來的生物，例如，『看到敵人就逃跑』、『發現好吃的食物就去拿』等『發生什麼狀況就做某種行動』。因此，If-then計畫在人類無意識使用的系統中，也算是『大腦最容易理解的語法』。」

換句話說，從大腦的結構來看，「設置情境」顯然可以說是，防止一時興起的對策。

if-then計劃與ToDo的差異

「ToDo」是一種類似If-then計畫的方法。

ToDo和If-then計畫的差別在於，相對於ToDo只設定了「要做的事」，If-then計畫則是還安排了「情境、時機」。

因此，唯一的差異是「情境設定」。

海蒂・格蘭特・海佛森博士的研究顯示，使用If-then計畫的執行率，相較於單純決定的ToDo，高出2到3倍。

此外，紐約大學的彼得・高維查（Peter Gollwitzer）博士彙整94件過去的分析數據後，得到的結論同樣是，使用If-then計畫更容易實現目標。其論文表示，效果量為０・65。

０・65的效果有多強呢？以下來說明一下。

所謂的效果量，是指將理論付諸實踐後能得到多少效果進行數據化。接下來，我會以之前介紹的《短期間で"よい習慣"が身につき、人生が思い通りになる！超習慣術》裡收錄的解說為基礎，對效果量進行說明。

- **效果量為０時，代表一點影響都沒有。**
- **效果量為-1時，代表造成反效果。**
- **效果量為1時，代表得出符合理論的結果。**

像這樣定義後，繼續針對數據進行說明，以供參考。

- **效果０・3以上：效果得到大部分的人認可，值得一試。**

・效果0・5以上：達到應優先採用的程度。

世界上有各種不同的心理效果，但即便是受到吹捧「效果極高」的，效果量也幾乎沒有超過0・5。

可以說，效果達到「0・65」If-then計畫，其效果無庸置疑。

If-then計畫只要設定行動規則即可，例如「做A的話就做B」、「變成A的話就做B」、「感覺到A的話就做B」。

在採用這個方法時必須注意，要附帶每天可以做到的條件。

最重要是每天持之以恆，如此才能將一時興起的決定，轉變為如同每天晚上都得刷牙一樣，下意識就會行動的「習慣」。

經常聽到有人在爭論「養成習慣需要花費21天」、「不對！是66天！」，但問題其實不在於天數，

最重要的是，「如何持續重複到成為無意識的行動」。

相較於計算今天是第1天、第2天、第3天……，想要透過每天做來養成習慣的行動，

困難度反而會一天一天地降低。也就是說，在If-then計畫中，像是要每天執行的行動一般，來設定「想要養成習慣的事情」，得到的效果會更為顯著。

1%閱讀術的重點是，每天閱讀15分鐘，每天累積1%的知識。

當然必須將之養成習慣。在下一節中，我將會簡單介紹如何結合If-then計畫，養成「1%閱讀術」習慣的方法。

「1%閱讀術」持之以恆的方法

○○的話「1%閱讀術」

如何利用If-then計畫將「1%閱讀術」融入生活？以下舉例來說明。

・（A）晚上11點刷牙後，（B）到書房進行1%閱讀術。

・（A）進行完1%閱讀術後，（B）躺在床上邊思考邊入睡。

・（A）早上刷牙時，（B）回想前一天進行1%閱讀術讀到的內容，利用If-then設定執行的時機。

・（A）如果到下午5點都還沒有執行（包括無法執行的知識），（B）用Evernote記錄並彙整。

・(A)晚餐吃完後,(B)將學習到的1%知識發到社群媒體上。

這是以我的生活為基礎舉出的例子。

請根據你的行動習慣附加條件,連結想要養成習慣的事情。

尤其推薦刷牙的時候。

大部分的人早、晚都會各刷一次牙。

以這個時間點作為條件,經過10年親身實踐後,我切身體會到執行上更為順暢。

當然,也可以用上下班(課)通勤當作條件。如果是長頭髮的人,或許將吹頭髮的時間用來「回想」等也是不錯的選擇。

總之,請務必實施If-then計畫,養成1%閱讀術的習慣。

馬上就能實踐的知識與累積型的知識

我認為知識大致上可分為2類。

①馬上就能實踐的知識。

②幫助思考的累積型知識。

假設你是一位業務。

以下列舉出身為業務「①馬上就能實踐的知識」。

- **如何利用閒聊熱絡氣氛的知識。**
- **順利向主管報告的「是否可以耽誤您3分鐘呢？」的知識。**
- **讓顧客放心、露出微笑的方法。**

這些可以設定If-then計畫，於隔天馬上執行。

接下來列舉的是「②幫助思考的累積型知識」。

- **蒐集符合自身意見的「確認偏誤」知識。**
- **應對憤怒情緒的憤怒管理知識。**
- **關於金錢歷史的知識。**

這些知識無法馬上用於日常生活，但對思考時的提示和教養方面很有幫助。

就我的經驗來看，每天堅持進行「1%閱讀術」，就會如第2章中的「帕雷托法則」小節（P120）所介紹的80：20比例一樣，「②幫助思考的累積型知識」會愈來愈多。

上傳知識

要將「累積型的知識運用在日常生活中」，最有效的方法是「教導他人」。

但事實上，要每天都對他人分享知識，難度確實很高。

如果以自我為中心，進行單方面的發表會，搞不好還會惹人討厭。因此，建議在進行1%閱讀術的同時開始使用社群媒體。

・使用Twitter（現為X）或Instagram上傳知識。
・使用stand.fm來敘述學到的1%知識。
・以書評的方式書寫1%的知識，包括部落格等。

如此一來，就形成每天都能高效輸出的制度。

我到幾年前，都還在部落格上，以書評的形式記錄無法立即實踐的1%知識。現在則是在Twitter（現為X）發140字的學習文，並每天早上都用Voicy上傳語音。

透過上傳文章和語音，有助於創造出好的循環，例如「閱讀書籍↓寫書評（教導他人）↓產生收益↓購買下1本書」。

請務必試著用1天的1%時間累積1%的知識並加以利用。

有人說「你努力成這樣，感覺很累耶」，不過，比起疲勞我更討厭後悔。挑戰是因為討厭未來後悔當初為什不做；我閱讀大量的書籍，是想要隨心所欲地暢談；鍛鍊肌肉是為了讓自己看起來帥氣；早起是為了有自己的時間。想要隨時在回顧過去時，都能點點頭地認為「過得很充實」。我就只是喜歡這樣的生活方式而已。

10年前決定養成閱讀習慣時，我做的第一件事就是「在所有房間都放書」，無論是廁所、玄關、盥洗室，所有地方都放了書。將書本放在身邊後，就會追加「將手機放在玄關充電」的習慣，閒暇時間都被「閱讀」填滿。不僅是書本，請在養成良好的習慣時，留意「改變環境」。

我持續1個月，每天早上都在進行「寫作冥想」。流程是①冥想1分鐘、②寫下昨天發生的5件討人厭的事、③寫下現在最討厭的事情、④寫下昨天心情還不錯的5件事、⑤寫下現在最開心的事情。整理好內心，並能夠誠實地面對自己。隨著生活的問題更加清晰，煩惱也跟著減少。首先是從嘗試持續1週開始，希望各位當作被騙也好，務必試試看。

每天下午1點，我都會步行20分鐘去圖書館。在圖書館待2個小時，並借3、4本書回家，直到下午5點前都是閱讀時間。我喜歡穿梭在書架和接觸文字的時候。因為喜歡而持續閱讀，閱讀讓我擺脫了壓力、無聊和強詞奪理，能夠友善地對待他人，最重要的是，我透過發文來工作。每天都洋溢著幸福感。

「1％閱讀術」是我打從心底想推薦給所有的閱讀法。方法很簡單，每天花1％（約15分鐘）的時間，先決定1個閱讀的目的，接著看目錄，閱讀吸引人的地方，最後只思考「明天要如何運用獲得的知識」。就像水達到100度沸點形成水蒸氣一樣，每天的1個變化，在1年後會轉變為一種成長的感覺。

後記

「1%」蘊含著魔法。

時間魔法、認知魔法、累積魔法。

我著迷於1%的魅力，持續閱讀了10年以上。

原本討厭學習的我，將閱讀（可以說是社會人的學習）養成習慣的經驗，應用在各種事情上。

也是這1%的習慣，把我原本並不擅長的寫作提升到一般人的水準。

過去還是上班族時，遇到發表和演說，我通常都緊張到說不出話來。但1%的習慣讓我達到每天早上都能上傳Voicy的程度。

慢慢地，不要著急，確實做到。
一步一腳印得到的知識超越了學歷造成的高牆，支撐著現在的我。

回想起來，21歲時我想做的工作是「想從事有關書本的工作」。
我確定自己真心喜歡書本，在工作上也想接觸書本。
考慮的選項有3個，分別如下：

- 寫小說或商業書，成為作家。
- 在書店工作，每天接觸新作。
- 在出版社工作，成為製作書籍的人。

我投了20多家公司，都在履歷審查時落選，而且我的文筆太差，也無法寫書。
不到1個月，我的夢想就破滅了。

時光流逝，2年前，我開始使用社群媒體，也就是上傳140字文章的

Twitter（現為X）。

開始上傳短文後，我才想起自己不擅長寫作。

小學時期第一次寫讀書感想。

在一張全新的稿紙上，我只寫了「我想跟彼得潘一樣飛在空中」便交出去。在記憶中，當時曾因此挨罵。

文章曾經是我的天敵，不過我用持續10年的閱讀來面對不擅長的文章。

因為我知道學習的方法，記住改善的重要性，並了解累積有多重要。

8年前，一句「做不到」而受挫的夢想。

「想從事有關書本的工作」。

我成為最有勇無謀的作者。

我最討厭學習。

我極度怕麻煩，也不認真。

總有人對我說：「所以你才會只有國中畢業……。」

但我一直抱持的夢想，透過閱讀實現了。

經由「Twitter、Voicy等社群媒體表示「我想要看Magu出的書」，在背後推著我的人、

參與出版這本書的所有人、

還有拿著這本書的各位，

我衷心地表示感謝。

真的真的，很謝謝你們。

今後我也會繼續透過閱讀，向許多人傳達訊息。

閱讀書本真是太好了。

喜歡上書本真是太好了。
透過書本實現夢想真是太好了。
請讓我最後再說一次，在「前言」也說過的話。

「書本具有改變一個人的力量」

依目的分類「閱讀法方法」的INDEX

想隨心所欲地享受／想輕鬆地閱讀

想要學一些馬上就運用的技巧

empathy: Ruling out individual differences and examining outcomes" , vol. 34, no. 4, 2009, pp. 407-428. https://doi.org/10.1515/COMM.2009.025

Wehbe L, Murphy B, Talukdar P, Fyshe A, Ramdas A, Mitchell T (2014) Simultaneously Uncovering the Patterns of Brain Regions Involved in Different Story Reading Subprocesses. PLoS ONE 9(11): e112575. https://doi.org/10.1371/journal.pone.0112575

https://www.telegraph.co.uk/news/health/news/5070874/Reading-can-help-reduce-stress.html

Loh KK, Kanai R (2014) Higher Media Multi-Tasking Activity Is Associated with Smaller Gray-Matter Density in the Anterior Cingulate Cortex. PLoS ONE 9(9): e106698. https://doi.org/10.1371/journal.pone.0106698

Galante J, Friedrich C, Dawson AF, Modrego-Alarcón M, Gebbing P, Delgado-Suárez I, Gupta R, Dean L, Dalgleish T, White IR, Jones PB. Mindfulness-based programmes for mental health promotion in adults in nonclinical settings: A systematic review and meta-analysis of randomised controlled trials. PLoS Med. 2021 Jan 11;18(1):e1003481. doi: 10.1371/journal.pmed.1003481. PMID: 33428616; PMCID: PMC7799763.

https://www.the-melon.com/blog/treatise/2021/04/19/5258/

Rizzolo, D., Zipp, G. P., Stiskal, D., & Simpkins, S. (2009). Stress Management Strategies For Students: The Immediate Effects Of Yoga, Humor, And Reading On Stress. Journal of College Teaching & Learning (TLC), 6(8). https://doi.org/10.19030/tlc.v6i8.1117

Botti, Simona, et al. "Tragic Choices: Autonomy and Emotional Responses to Medical Decisions." Journal of Consumer Research, vol. 36, no. 3, 2009, pp. 337–52.

第2章　閱讀超過100本的閱讀法領悟出的「閱讀效率最大化的7個祕訣」

Satoshi Shioiri, Takumi Sasada, Ryota Nishikawa, Visual attention around a hand location localized by proprioceptive information, Cerebral Cortex Communications, Volume 3, Issue 1, 2022, tgac005, https://doi.org/10.1093/texcom/tgac005

Rayner K, Schotter ER, Masson MEJ, Potter MC, Treiman R. So Much to Read, So Little Time: How Do We Read, and Can Speed Reading Help? Psychological Science in the Public Interest. 2016;17(1):4-34. doi:10.1177/1529100615623267
Copy to Clipboard

Petrill SA, Hart SA, Harlaar N, et al. Genetic and environmental influences on the growth of early reading skills. J Child Psychol Psychiatry. 2010;51(6):660-667. doi:10.1111/j.1469-7610.2009.02204.x

第3章　一年閱讀700本書×閱讀超過100本閱讀法書籍所得到的結晶「1%閱讀術」

Yusuke Watanabe, Yuji Ikegaya「Effect of intermittent learning on task performance: a pilot study」2017

第4章　將學習效率提升到最高的Magu式輸出法

https://www.igaku-shoin.co.jp/paper/archive/y2018/PA03280_03

Gollwitzer, Peter & Sheeran, Paschal. (2006). Implementation Intentions and Goal Achievement: A Meta-Analysis of Effects and Processes. First publ. in: Advances in Experimental Social Psychology 38 (2006), pp. 69-119. 38. 10.1016/S0065-2601(06)38002-1.

https://www.atpress.ne.jp/news/1698

参考文獻

第1章　閱讀4000本以上的書籍領悟到的「閱讀好處」

『知ってるつもり—無知の科学』スティーブン・スローマン著／フィリップ・ファーンバック著／土方奈美訳（早川書房）
『中央公論2021年8月号』読書猿
『人を操る禁断の文章術』メンタリストDaiGo著（かんき出版）
『脳を創る読書』酒井邦嘉著（実業之日本社）
『語彙力を鍛える 量と質を高めるトレーニング』石黒圭著（光文社）
『ＬＩＭＩＴＬＥＳＳ　超加速学習—人生を変える「学び方」の授業』ジム・クウィック著／二輪美矢子訳（東洋経済新報社）
『戦争と平和（一）』トルストイ著／工藤精一郎訳（新潮文庫）
『ＬＩＦＥＳＰＡＮ（ライフスパン）：老いなき世界』デビッド・A・シンクレア著／　マシュー・D・ラプラント著／梶山あゆみ訳（東洋経済新報社）
『自分の時間を取り戻そう—ゆとりも成功も手に入れられるたった1つの考え方』ちきりん著（ダイヤモンド社）
『思考は現実化する』ナポレオン・ヒル著／田中孝顕訳（きこ書房）
『できる人は超短眠!』堀大輔著（フォレスト出版）
『睡眠の常識はウソだらけ』堀大輔著（フォレスト出版）
『インプット・アウトプットが10倍になる読書の方程式』羽田康祐著（フォレスト出版）
『デジタルで読む脳 × 紙の本で読む脳：「深い読み」ができるバイリテラシー脳を育てる』メアリアン・ウルフ著／大田直子訳（インターシフト）

第2章　閱讀超過100本的閱讀法領悟出的「閱讀效率最大化的7個祕訣」

『知識を操る超読書術』メンタリストDaiGo著（かんき出版）
『BERD』2008 No.13
『机に向かってすぐに集中する技術』森健次朗著（フォレスト出版）
『脳を鍛えるには運動しかない！ 最新科学でわかった脳細胞の増やし方』ジョン　Ｊ．レイティ著／エリック・ヘイガーマン著／野中香方子訳（NHK出版）

第3章　一年閱讀700本書×閱讀超過100本閱讀法書籍所得到的結晶「1%閱讀術」

『読んだら忘れない読書術』樺沢紫苑著（サンマーク出版）
『スピード脳力開発 聴覚刺激で頭の回転が驚くほど速くなる!』田中孝顕著（きこ書房）

第4章　將學習效率提升到最高的Magu式輸出法

『やり抜く人の９つの習慣　コロンビア大学の成功の科学』ハイディ・グラント・ハルバーソン著／林田レジリ浩文訳（ディスカヴァー・トゥエンティワン）
『短期間で〝よい習慣〟が身につき、人生が思い通りになる！　超習慣術』メンタリストDaiGo著（ゴマブックス）
※引用の際、改行は省略しています。

引用論文・參考報導

第1章　閱讀4000本以上的書籍領悟到的「閱讀好處」

https://www.stat.go.jp/data/shakai/2016/kekka.html

Mar, Raymond A., Oatley, Keith and Peterson, Jordan B.. "Exploring the link between reading fiction and

［作者簡介］

Magu

文學系部落客，1年閱讀700本書的閱讀家。從只有國中學歷、月收入14萬日圓開始，在閱讀1本與自我啟發有關的書後，從中習得商業技能，進而成為公司老闆。此外，2020年開始經營Twitter（現為X），根據自身的經驗，分享「即便是怕麻煩的人，也能夠愉快地持之以恆，並獲得成果的讀書法」。2年內，粉絲人數超過8萬人，Voicy上的頻道《マグの一冊｜本紹介チャンネル》的點擊率超過70萬次。現為Magu有限公司的代表，進行多項以「閱讀」和「社群網站」為主的事業，例如書籍販售、社群網站發文講師、個人諮詢、舉辦網路研討會等。

1%閱讀術
1日15分鐘，開始你的知識儲蓄規劃！

出　　版／楓書坊文化出版社
地　　址／新北市板橋區信義路163巷3號10樓
郵政劃撥／19907596　楓書坊文化出版社
網　　址／www.maplebook.com.tw
電　　話／02-2957-6096
傳　　真／02-2957-6435
作　　者／Magu
翻　　譯／劉姍珊
責任編輯／林雨欣
內文排版／謝政龍
港澳經銷／泛華發行代理有限公司
定　　價／380元
出版日期／2024年3月

國家圖書館出版品預行編目資料

1%閱讀術：1日15分鐘，開始你的知識儲蓄規劃！/ Magu作；劉姍珊譯. -- 初版. -- 新北市：楓書坊文化出版社, 2024.03　面；　公分

ISBN 978-986-377-951-3（平裝）

1. 閱讀 2.CST: 閱讀指導

019.1　　113000650